全国干部学习培训教材
QUANGUO GANBU XUEXI PEIXUN JIAOCAI

加快转变经济发展方式

全国干部培训教材编审指导委员会组织编写

人民出版社

党建读物出版社

序　言

　　面对复杂严峻的国际形势，面对艰巨繁重的改革发展稳定任务，想一帆风顺推进我们的事业是不可能的。可以预见，前进道路上，来自各方面的困难、风险、挑战肯定会不断出现，关键看我们有没有克服它们、战胜它们、驾驭它们的本领。全党同志特别是各级领导干部要有本领不够的危机感，以时不我待的精神，一刻不停增强本领。只有全党本领不断增强了，"两个一百年"奋斗目标才能实现，中华民族伟大复兴的中国梦才能梦想成真。

好学才能上进，好学才有本领。中国共产党人依靠学习走到今天，也必然要依靠学习走向未来。各级领导干部要勤于学、敏于思，坚持博学之、审问之、慎思之、明辨之、笃行之，以学益智，以学修身，以学增才。要努力学习各方面知识，努力在实践中增加才干，加快知识更新，优化知识结构，拓宽眼界和视野，着力避免陷入少知而迷、不知而盲、无知而乱的困境，着力克服本领不足、本领恐慌、本领落后的问题。

　　各地区各部门各单位要认真组织干部学好用好这批教材，帮助广大干部深入学习领会党的十八大和十八届三中、四中全会精神，深入学习贯彻党中央的战略部署和工作要求，不断增强中国特色社会主义道路自信、理论自信、制度自信，不断提高知识化、专业化水平，不断提高履职尽责的素质和能力。

2015 年 1 月 18 日

CONTENTS

目 录

第 一 章

我国经济发展面临的机遇和挑战

经济发展方式与经济发展环境密切相关，发展环境发生变化，发展方式也需要与之适应并与时俱进。2008 年国际金融危机发生以来，我国面临的发展环境发生重大变化，对发展方式转变形成倒逼。党的十八大明确指出，我国发展仍处于可以大有作为的重要战略机遇期。我们要准确把握重要战略机遇期的内涵和条件的变化，全面把握机遇，沉着应对挑战，加快形成新的经济发展方式。

第一节　我国已站在可以发挥综合优势的发展新起点

改革开放三十多年来，我国现代化建设取得举世瞩目的伟大成就，经济发展不断跨上新台阶，人民生活持续改善，工业化、信息化、城镇化、农业现代化深入发展，国内市场和区域开发空间广阔，经济结构转型加快，科技教育整体水平提高，劳动力素质改善，资金供给充裕，基础设施日益完善，发展的综合优势将长期存在，为保持经济持续健康发展与社会全面进步，实现"两个一百年"奋斗目标奠定了坚实基础。

❖ 一、经济实力显著增强

1978—2013 年，我国国内生产总值（GDP）从 3645.2 亿元增长到 56.88 万亿元，年均增长约 9.8%，占世界经济的比重超过 1/10，成为仅次于美国的世界第二大经济体，人均国内生产总值接近 7000 美元，按照世界银行的划分标准，我国已经位于上中等收入国家行列。我国的谷物、肉类、棉花等主要农产品产量位居世界第一；在 500 余种主要工业产品中，我国有 220 多种产品的产量居世界首位，是世界制造业第一大国。2013 年年底，我国外汇储备达 3.82 万亿美元，连续 8 年位居世界第一。

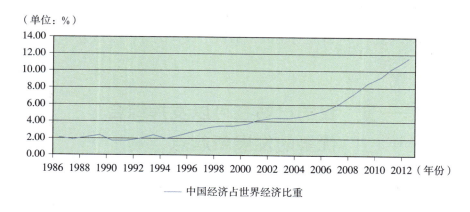

1986—2012 年中国经济占世界经济比重
数据来源：世界银行。

❖ 二、现代产业体系逐步完善

农业综合生产能力显著增强。我国用约占世界 9% 的耕地，成功解决了约占世界 21% 人口的吃饭问题，这是中国人了不起的成就，更是对世界粮食安全的巨大贡献。2013 年，我国粮食产量超过 1.2 万亿斤，实现"十连增"。

独立完整的现代工业体系全面形成。我国工业整体素质和国际竞争力显著提高，2013 年工业增加值突破 21 万亿元，按可比价格计算，比 1978 年实际增长 40.6 倍。高技术产业蓬勃发展，高技术制造业规模跃居世界第二。

服务业逐步发展壮大。服务业增加值占国内生产总值的比重由 1978 年的 23.9% 上升至 2013 年的 46.1%，对拉动经济增长的贡献首次超过第二产业。

三次产业对我国国内生产总值增长的贡献率

（单位：%）

年　份	第一产业	第二产业	第三产业
1978	10.0	62.3	27.7
2013	5.3	46.5	48.2

数据来源：国家统计局。

交通、能源等基础设施和基础产业发展水平得到巨大提升。高速公路、高速铁路从无到有，2013 年，我国高速公路运营里程超过 10 万公里，以高速公路为骨架的干线公路网初步形成；高速铁路运营里程达到 1.1 万公里，居世界首位。民航、港口、内河航运发展成绩斐然。能源建设取得历史性成就，2013 年，我国一次能源生产总量达 34 亿吨标准煤，发电总装机容量 12.5 亿千瓦，分别比 1978 年增长 4.4 倍和 20.8 倍。

✧ 三、社会事业繁荣进步

科学技术突飞猛进。基础研究和高技术研究齐头并进，科技创新能力明显提高，科研成果产业化成效显著，取得了神舟飞船、探月工程、载人深潜等一批举世瞩目的科技成果，超级计算机、智能机器人、超级杂交水稻等一批关键技术实现重大突破，第四代移动通信技术正式商用。2013 年，我国研发（R&D）经费支出突破 1 万亿元，占国内生产总值的比重达到 2.09%。

教育事业全面发展。2013 年国家财政性教育经费支出占国内生产总值的比重为 4%，全面实现九年免费义务教育，青壮年文盲率降到 1.08%。学前教育加快发展，高中教育加快普及，职业教育取得突破性进展，高等教育大众化水平进一步提高，总规模居世界第一。

医疗卫生服务体系逐步完善。截至 2013 年年末，全国有医疗卫生机构近 98 万个，卫生技术人员 718 万人，医院卫生机构床位 618 万张。城乡居民健康水平不断提高，人口平均预期寿命提高到 76 岁，超过世界中等收入国家及地区的平均预期寿命。

文化、广播影视、体育等社会事业全面发展。公共文化服务体系建设取得重大进展。2013 年，广播、电视人口综合覆盖率分别达 98.4% 和 97.8%；移动电话用户达 12.3 亿户，互联网上网人数 6.18 亿人。竞技体育捷报频传，全民健身蔚然成风。

✧ 四、人民生活显著改善

城乡居民收入和生活水平实现了从温饱不足到总体小康的历史

性跨越。我国城镇居民家庭人均可支配收入和农村居民家庭人均纯收入从 1978 年的 343.4 元和 133.6 元提高到 2013 年的 26955 元和 8896 元，按可比价格计算，分别实际增长 11.3 倍和 11.9 倍。居民消费水平和生活质量显著提高，城乡居民家庭恩格尔系数分别由 1978 年的 57.5% 和 67.7% 下降到 2013 年的 35% 和 37.7%。

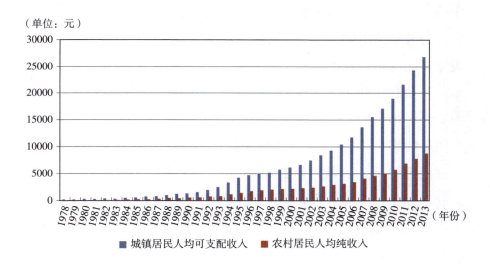

（单位：元）

■ 城镇居民人均可支配收入　■ 农村居民人均纯收入

1978—2013 年我国城乡居民收入

数据来源：国家统计局。

覆盖城乡居民的社会保障制度基本建立。截至 2013 年年末，全国参加城镇职工基本养老保险人数 3.22 亿人，参加城乡居民基本养老保险人数 4.98 亿人，参加失业保险人数 1.64 亿人，参加城镇基本医疗保险人数 5.73 亿人，2489 个县（市、区）实施了新型农村合作医疗制度，参合率达到 99%。2005 年至 2013 年，连续 9 年提高企业退休人员养老金，失业、工伤、生育等保险待遇以及城乡低保、优抚对象抚恤、生活补助保障标准也逐步提高。城乡社会救助体系全面建立，最低生活保障制度实现全覆盖。

◇ 五、社会主义市场经济体制初步建立并不断完善

经过全方位、多领域的市场化取向改革，我国实现了由高度集中的计划经济体制向充满活力的社会主义市场经济体制的历史性转变。公有制为主体、多种所有制经济共同发展的基本经济制度已经确立。国有企业经历放权让利、利改税、承包制、股份制等多项改革，在建立现代企业制度、完善法人治理结构方面取得重大进展，国有经济布局和结构战略性调整积极推进，控制力、影响力和带动力明显增强。非公有制经济发展取得长足进步，占国内生产总值的比重已超过60%，税收贡献超过50%，就业贡献超过80%。市场机制在生产、流通、消费等各个领域发挥着越来越重要的作用，多层次、比较完备的市场体系正在形成。商品市场方面，全国95%以上的消费品、97%以上的生产资料价格由市场形成。要素市场方面，股票、债券、期货等金融市场从无到有、逐步规范，覆盖全国的多层次资本市场体系逐步形成；劳动者和用人单位自主双向选择、工资由市场竞争决定的城乡统一的劳动力市场初步建立；土地由无偿供给改变为通过市场的招拍挂优化配置，农地承包经营权市场稳步发展，国有土地使用权的市场配置范围不断扩大。宏观调控体系逐步健全。初步构建了以国家发展战略和规划为导向，以财政、货币政策为主要手段的宏观调控体系基本框架，财政政策、货币政策与产业政策、价格政策等政策手段协调配合的调控机制正在建立健全。涉外经济体制改革迈出坚实步伐，全方位对外开放格局基本形成。

第二节　我国发展面临的重要机遇

准确判断重要战略机遇期内涵和条件的变化，抓住用好我国发展面临的重要机遇，关系"两个一百年"奋斗目标和中华民族伟大复兴中国梦的实现。纵观国际国内形势，我国发展依然具备许多有利条件。

◇　一、国际机遇

进入新世纪后，国际上发生了一系列具有全局性和战略性影响的重大事件，对国际政治经济格局产生了深远影响，也为我国推动经济社会发展提供了重要机遇。综合来看，我国发展面临的国际机遇主要有以下几个方面：

（一）*国际形势总体稳定*。当前，虽然局部争端或局部战争时有发生，但和平与发展仍然是时代主题，国际环境基本面没有发生根本变化，经济全球化深入发展的大势没有改变，新兴市场国家和发展中国家整体实力增强，国际力量对比朝着有利于维护世界和平的方向发展。这种状况有利于遏制霸权主义和强权政治，有利于推动建立公正合理的国际政治经济新秩序，也有利于我国争取较长时间的和平国际环境继续发展。

（二）*经济全球化深入发展*。经济全球化是当今世界经济的重要特征之一。进入新世纪以来，资金、技术等生产要素在全球范围内流动和优化配置，给各国经济带来了巨大的分工利益，有力地推动了世界生产力的发展，也极大地提升了世界各国的合作意愿。2008 年国际金融危机爆发以来，各种形式的贸易保护主义抬头，多边贸易投资自由化面临困难，但经济全球化深入发展的大趋势不会中断。在此过程中，生产要素在全球范围的流动和重组加快，尽管会对我国经济发展带来挑战，但也带来了转型发展的新机遇，我国可以更多更好地利用国际资本、技术、人才、资源以及先进管理方式和理念，有助于我国产品走向国际市场，提升企业国际竞争力。

（三）新一轮科技革命和产业变革孕育新突破。当前，物质结构、宇宙演化、生命起源、意识本质等基础科学领域正在或有望取得重大突破性进展，信息、生物、能源、材料、海洋和空间等应用科学领域不断发展，带动关键技术交叉融合、群体跃进，变革突破的能量正在不断积累。随着人工智能、大数据、云计算、物联网等技术的兴起，以能源、互联网、3D 打印、智能制造等为代表的"第三次工业革命"初现端倪。这轮科技革命和产业变革与我国加快转变经济发展方式形成历史性交汇，为我国利用部分领域接近或达到技术前沿的条件，特别是在载人航天、超级计算机、卫星导航系统、载人深潜、高速铁路、探月工程等重点工程技术领域实现的重大突破，提升基础材料、基础零部件、基础工艺、基础制造装备的研发设计和制造支撑能力，实施创新驱动发展战略提供了难得的历史机遇。

（四）全球治理体系面临新调整。当前，发达经济体在全球经济治理结构中仍占优势，但主导国际经济秩序的能力受到国际金融危机的影响和冲击。二十国集团（G20）是发达国家和发展中国家就国际经济事务进行充分协商的重要平台，是稳定世界经济、构建国际金融安全网、改善全球经济治理的重要力量，是国际经济治理的核心机制。与此同时，国际货币基金组织、世界银行等国际组织治理结构改革正在迈出重要步伐，增加了发展中国家在全球经济治理中的发言权和规则制定权，为形成新的国际政治经济新秩序、加强国际对话创造了有利条件，也为我国提升在国际货币基金组织和世界银行的发言权和影响力、参与涉及我国重要利益的全球性问题的国际合作提供了空间。

✧ 二、国内机遇

经过改革开放三十多年的发展积累，我国经济社会发展具备了良好的基础和条件，为我国转变发展方式、保持经济社会持续健康发展提供了机遇。

（一）**物质基础比较雄厚**。经过新中国成立六十多年特别是改革开放三十多年来的建设发展，我国经济实力和综合国力大为提升，保障可持续发展的物质基础和内生动力显著增强。目前，我国已经建立了相对完备的现代产业体系，基础设施日益完善，能源保障和交通运输能力显著提高，劳动力资源丰富，人力资本积累水平快速提高，这些都将有效地转化为支撑经济社会可持续发展的内生动力。

（二）**国内需求潜力巨大**。我国正处于由上中等收入国家向高收入国家迈进的发展阶段，工业化、信息化、城镇化、农业现代化正在同步推进，居民消费水平和消费结构都处于上升期，蕴藏着巨大的内需潜力。今后相当长一段时期，我国产业结构将不断优化升级，现代农业、高新技术产业、现代服务业快速发展，不仅增加对资本和技术的需求，进而拉动社会总需求，还将促进就业，增加居民收入，进而拉动居民消费。特别是我国城镇化的快速发展，将产生庞大的基础设施、公共服务设施以及住房建设等投资需求；同时，大量农村人口进入城镇，也会带来消费需求的大幅增加。这些都将促进国内市场的持续扩大，为支撑经济持续发展提供强大动力。

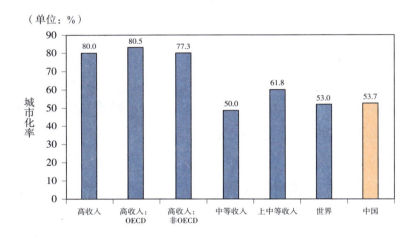

（单位：%）

2013 年中国与不同收入国家城市化率的比较

数据来源：世界银行。

（三）**全面深化改革增添新动力。**党的十八届三中全会站在新的历史起点上，总结三十多年改革开放经验，深入研判国内外形势，深刻分析面临的各种矛盾和问题，作出了全面深化改革的重大战略决策，吹响了全面深化改革的集结号和冲锋号。全会通过的《中共中央关于全面深化改革若干重大问题的决定》（以下简称《决定》）以改革为主线，以重大问题为导向，提出了全面深化改革的指导思想、总体思路、主要任务和重大举措，对经济、政治、文化、社会、生态文明、国防和军队、党的建设等各个领域的改革作出了全面系统的部署，明确了全面深化改革的顶层设计和路线图、时间表。《决定》研究部署改革的力度、广度、深度都是空前的，提出的一系列新思想、新论断、新举措，鲜明体现了党的十一届三中全会以来历史发展的新趋势、新要求，反映了社会呼声、社会诉求、社会期盼，这些新的重大突破和各方面改革举措的集聚效应，必将为全面推进改革开放和社会主义现代化事业，发挥强有力的推动作用，提供巨大的正能量。

第三节　我国发展面临的风险挑战

尽管我国发展依然处于可以大有作为的重要战略机遇期，有不少有利于保持经济社会持续健康发展的条件，但也存在许多不容忽视的风险和挑战。

✧　一、国际环境

（一）**全球经济结构进入深度调整期。** 国际金融危机对世界经济结构调整产生了深远影响，发达经济体、新兴市场与发展中经济体都面临不同程度的发展困境，全球经济已由危机前的快速发展期进入深度转型调整期。发达国家过度负债和超前消费的模式受到挑战，力图通过扩大投资和出口拉动经济增长；新兴市场经济体开始更多地转向通过扩大内需拉动经济，但短期内还难以成为拉动全球经济增长的主导力量；资源输出国试图调整单纯依赖资源出口的发展模式，谋求依托资源优势延伸产业链，但实现产业多元化任重道远。各国和地区经济结构的调整将引发全球经济政治版图中力量对比的新变化，世界经贸格局发生重大变化，世界政治、经济、社会等领域不稳定、不确定因素明显增多，这都对我国保持经济持续健康发展及社会和谐稳定构成冲击与挑战。

（二）*世界经济复苏缓慢*。2008 年国际金融危机之后，世界经济增长显著下滑。2013 年以来，世界经济呈现周期性温和复苏态势，美国就业、制造业和房地产业逐步回暖，内需增长动力逐渐增强。但深层次结构矛盾依然阻碍全球经济回升步伐，主要发达国家结构性改革进展缓慢，美国社会改革滞后、收入不平等扩大，欧洲财政金融、劳动力市场改革阻力较大，日本产业结构调整、恢复国际竞争优势仍需时日；部分新兴经济体经济结构单一、基础设施落后、金融体系抗风险能力较弱等问题短期内难有明显改观。这些

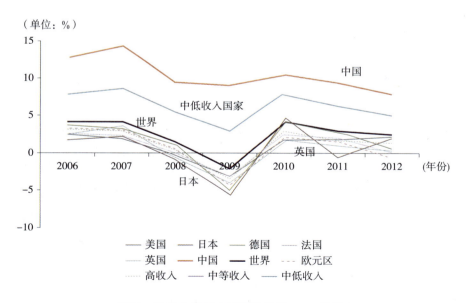

2006—2012 年世界主要经济体的 GDP 增长率

数据来源：世界银行。

问题都不可避免地影响世界经济复苏的内生动力，短期内难以重现强劲增长。全球原有需求动力正在减弱，新的需求市场还未形成，新增长动力源尚不明朗，大国货币政策、贸易投资格局、大宗商品价格的变化方向都存在不确定性，在相当长一个时期内，我国外需低迷的状况难以有根本性好转。

（三）**全球各领域竞争日趋激烈**。国际金融危机之后，无论是发达国家还是发展中国家都面临着调整经济结构的巨大压力。美欧等发达国家和地区提出再工业化和扩大出口战略，发展中国家加快推进工业化进程，资源富集国家谋求产业链条延伸，各国都在加快调整发展模式，重塑和发展具有比较优势的产业，抢占国际分工制高点。这一方面导致各种形式的保护主义纷纷抬头，从贸易向投资、技术、就业、生态环境等领域扩散，从具体产品上升到行业、标准、制度等层面，使我国产业发展面临更加激烈的国际市场竞争。另一方面，国际金融、大宗商品市场持续动荡，增加了我国进口能源资源的成本，使我国面临着一定的金融风险和输入型通胀压力。另外，国际产业竞争与合作态势正在出现一些值得关注的新动向，劳动密集型产业特别是低端制造环节加速向低收入国家转移，在发达国家"再工业化"政策的牵引下，一些中高端制造业开始向发达国家回流。

（四）**以自由贸易协定（FTA）为主体的全球投资贸易新格局正在形成**。世界贸易组织成立以来，随着各国科技进步、金融创新和经济的市场化，制约资本、劳动力、商品和服务等跨国流动的壁垒大大削减，贸易形式发生巨大变化，多边贸易占据重要位置。但由于各方利益存在分歧，2001年启动的多哈回合谈判举步维艰、多次陷入僵局，导致传统多边贸易体制受到削弱。在国际金融危机与欧债危机相互交织的背景下，世界经济增长乏力、贸易保护主义不断升温，多边贸易体制建设难度加大，但加速了以区域贸易安排（RTA）为主要形式的区域经济合作的发展，区域经济合作蓬勃发展，各类自由贸易协定大量涌现，全球区域经济一体化进入新一轮快速发展时期。目前，全球正在实施的区域贸易协定有381个，这些协定形成了世界各国相互交织的自由贸易区网络。特别是美国在建立北美自由贸易区（NAFTA）的基础上，力图以区域主义代替多边主义，主导并加快推进以跨太平洋伙伴关系协定（TPP）、跨大西洋贸易与投资伙伴协定（TTIP）为代表的"两洋战略"区域合作谈判，TPP及TTIP在自由贸易、金融监管、政府采购、知识产权、环境与劳工标准等方面都对我国提出高标准，对我国经济发展构成制约。

（五）**周边环境日趋复杂**。受美国重返亚太战略影响，我国周边战略压力和地缘政治风险有所上升，东海、南海争端频发。随着我国综合国力的提升，在全球经济治理体系中的话语权和影响力不断增加，被加速推向国际事务前台，周边国家对我国的认知和期待也在发生变化。由于我国处于社会主义初级阶段的基本国情没有变，外界认知同我国实际情况的落差，给我国开展与周边国家的政治经济合作带来复杂影响。

✧　二、国内环境

（一）**经济运行仍存在下行压力**。从供给面看，随着我国人口红利的下降，技术后发优势的减弱，以及能源资源瓶颈压力的加大，我国要素供给条件正在发生巨大变化，潜在经济增长率由两位数过渡到个位数，经济处于从高速增长到中高速增长的换挡期。从需求面看，拉动经济增长的"三驾马车"受到一些因素的制约，总需求改善的空间有限。由于收入分配格局尚不合理、社会保障体系仍不完善、新的消费增长点尚不成熟等多种因素的综合影响，短期内消费需求实现大幅提升难度较大。受部分行业产能严重过剩、债务增长较快、融资环境趋紧等因素影响，企业投资意愿不强，投资保持稳定增长的后劲不足。国际金融危机的深层次影响短期内难以消除，美欧等发达经济体经济尽管有所好转，但世界经济增长动力总体依然偏弱，受发达国家制造业回归、新兴市场需求疲弱、国内企业成本上升和部分产业向境外转移等多种因素的影响，我国稳定和扩大外贸出口的难度越来越大。

（二）**新的阶段性矛盾正在凸显**。经过改革开放三十多年的快速发展，我国国内经济发展环境和条件发生显著变化，人均国内生产总值已达上中等收入国家水平。根据国际经验，世界上不少国家进入中等收入阶段后，出现了经济增长徘徊不前、贫富差距扩大、社会矛盾增多等重大结构性问题，陷入"中等收入陷阱"。我国在发展进程中，一些新的阶段性矛盾也开始显现。劳动力成本上涨较快，部分地区出现招工难、用工荒，人口红利持续减弱，廉价劳动力成本优势正逐渐下降。城乡之间、地区之间、行业之间居民收入差距不断扩大。居民收入在国民收入中的比重、劳动报酬在初次分配中的比重下降。贫富差距拉大也导致社会不稳定因素日渐增多，社会管理难度加大。总的来看，我国也面临"中等收入陷阱"的严峻挑战。

延伸阅读

拉美国家陷入"中等收入陷阱"的原因

为什么有的国家能成功避免"中等收入陷阱",而有的国家却不能?为什么在起步阶段发展水平和条件十分相近的国家,会出现两种不同的命运?拉美一些国家是陷入"中等收入陷阱"的典型。这些国家19世纪70年代工业化开始起步,在20世纪60、70年代出现快速增长,但此后增长一度停滞甚至倒退,至今仍未走出"中等收入陷阱"。造成这一局面的原因很多,每个国家的情况也不尽相同,但一些共性原因值得关注。

一是对发展公平性重视不够,没有解决好"蛋糕"分配问题。国际经验表明,在经济快速增长时期,往往伴随着收入差距的扩大。拉美国家在进入中等收入阶段后,也遇到这一问题,由于收入差距迅速扩大导致贫富悬殊严重。对此,拉美各国政府都采取了一系列措施,但结果不理想,出现了两极分化现象长期化趋势,一些不合理的收入分配关系被固化,不仅使得城乡居民的消费能力大大减弱,更让经济社会发展失去了必需的凝聚力。

二是转换发展模式错失时机,没有形成推动经济持续增长的内生动力。这是深层次原因所在。20世纪30年代,拉美国家普遍实行进口替代战略,受自身技术水平与劳动力素质的限制,进口替代不仅没有使这些国家的工业发展壮大,反而因为牺牲农业来发展工业造成了严重的通货膨胀与经济衰退。到80年代中后期,拉美国家为了顺应贸易自由化浪潮，又盲目地开放国内市场，大幅降低进口关税，平均进口关税从改革前的40%左右降至90年代中期的12%左右，这使得拉美国家对外部资金和技术产生了过度依赖，在外部环境发生大的变化时无力承受冲击。

三是制度建设滞后。随着人民物质文化生活水平的提高，经济活动和经济社会关系越来越复杂、矛盾冲突越来越多。如果不及时进行改革和制度建设，不及时完善法律制度、提高政府治理能力、健全社会保障制度，就可能出现经济停滞、冲突加剧，就难以摆脱"中等收入陷阱"，难以跨入高收入国家行列。

（三）能源资源瓶颈制约不断加剧。 目前资源约束趋紧、环境污染严重、生态系统退化，已经成为制约经济持续健康发展的重大矛盾、人民生活质量提高的重大障碍、中华民族永续发展的重大隐患。传统经济发展方式下，我国经济增长在很大程度上是依赖要素的大量投入，消耗了大量的能源资源。我国已成为全球第一大能源生产国和消费国，主要资源性产品消费占全球总消费的比重，明显大于国内生产总值占全球经济总量的比重。据统计，目前我国淡水、一次能源、钢材、水泥、常用有色金属等五类主要资源的平均消耗强度高出世界平均水平约90%，单位国内生产总值能耗大致是美国的2.9倍、日本的4.9倍、欧盟的4.3倍、世界平均水平的2.3倍，成为世界上单位国内生产总值能耗最高的国家之一。与此同时，我国的资源禀赋并不富裕。正是由于能源资源使用粗放，而能源资源蕴藏不足，我国能源资源的对外依存度不断提高，原油、铁矿石、铜精矿、铝土矿、铬矿、镍矿、钾矿等重要矿产品的对外依存度已超过50%，进口压力不断增大。近年来，各地雾霾现象频发，水污染、重金属污染等事件时有发生，生态环境呈现总体恶化的趋势。如果继续沿着高投入、高消耗、高排放的粗放增长路子走下去，能源资源和生态环境约束将进一步加剧，势必对我国可持续发展造成严重影响。

（四）**改革攻坚任务十分艰巨**。我国经济正处于经济增长速度换挡期、结构调整阵痛期和前期经济刺激政策消化期的叠加阶段，一些领域的潜在风险仍然较大，支撑经济多年高速增长的体制机制已不适应生产力发展的新要求。当前，改革已经进入攻坚期和深水区，各种矛盾和问题交织叠加、错综复杂，推进改革的复杂程度、敏感程度、艰巨程度，一点都不亚于三十多年前。改革开放越往纵深发展，越涉及重大利益关系的调整，涉及各方面体制机制的完善，都是难啃的硬骨头，推进改革矛盾多、难度大。全面深化改革，需要集中全党全社会智慧，敢于啃硬骨头，敢于涉险滩，冲破思想观念的障碍，突破利益固化的藩篱。

（五）**人民群众对提高生活质量充满新期待**。随着生活水平的不断提升，我国城乡居民个体利益诉求明显分化，需求正向全面化、高级化、个性化和多样化方向发展。在物质需求提高的同时，对文化、环境的需求明显增加，特别是对洁净水、清新空气等需求更为迫切；在对一般商品需求增加的同时，对公共产品、社会服务的需求大幅提升；在满足消费数量的同时，对消费质量和服务提出了更高要求。

▌本章小结 ▌┄┄┄┄┄┄

纵观国际国内大势，我国发展仍处于可以大有作为的重要战略机遇期，我们要准确判断重要战略机遇期的内涵和条件的变化，全面把握机遇，沉着应对挑战，赢得主动、赢得优势、赢得未来。本章回顾我国改革开放三十多年来所取得的重大成就，深入分析了新时期我国经济社会发展面临的国际国内机遇和挑战，指出当今世界正在发生深刻复杂的变化，但和平与发展仍然是时代的主题。同时，国际金融危机影响深远，世界经济增长不稳定、不确定因素增多，新技术革命、巨大的内需潜力、全面深化改革都将进一步增强我国经济社会可持续发展的内生动力，但我国发展也面临一些新的阶段性问题和突出矛盾。

名 词 解 释

中等收入陷阱：世界银行 2006 年在题为《东亚复兴——经济增长的思路》的报告中提出"中等收入陷阱"（Middle Income Trap）的概念，指一个发展中经济体在突破人均 GDP 1000 美元的"贫困陷阱"后，很快会奔向 1000 美元至 3000 美元的"起飞阶段"；但到人均 GDP 3000 美元至人均 GDP 10000 美元之间时，快速发展中积聚的矛盾集中爆发，自身体制与机制的更新进入临界，很多发展中国家在这一阶段由于经济发展自身矛盾难以克服，发展战略失误或受外部冲击，经济增长回落或长期停滞，陷入所谓"中等收入陷阱"。

TPP：即跨太平洋伙伴关系协定（Trans-Pacific Partnership Agreement），前身是跨太平洋战略经济伙伴关系协定，2005 年由亚太经济合作组织成员国中的新西兰、新加坡、智利和文莱四国发起，在亚太经合组织框架内签署的小型多边贸易协定，旨在促进亚太地区贸易自由化。2008年2月，美国宣布加入并参与谈判。2009年11月，美国正式提出扩大跨太平洋战略经济伙伴关系协定，澳大利亚和秘鲁同意加入。美国借助已有的协定，开始推行自己的贸易议题，全方位主导谈判，自此，跨太平洋战略经济伙伴关系协定更名为跨太平洋伙伴关系协定（TPP），谈判议题包括：农业、劳工、环境、政府采购、投资、知识产权保护、服务贸易、原产地标准、保障措施、技术性贸易壁垒、卫生和植物卫生措施、透明度、文本整合等。2010年，马来西亚和越南成为TPP谈判成员。2012年10月，墨西哥、加拿大先后宣布正式加入TPP谈判。2013年3月，日本宣布加入TPP谈判，并于当年7月派代表团出席了在马来西亚举行的第18轮TPP谈判，成为TPP谈判的第12个成员国。

TTIP：即跨大西洋贸易与投资伙伴协定（Trans-Atlantic Trade and Investment Partnership），指美国和欧盟双方通过削减关税、消除双方贸易壁垒等来发展经济、应对金融危机的贸易协定，该协定的谈判于2013年6月启动。谈判一旦达成协议，即意味着欧美自贸区成形，成为世界上最发达和规模最大的自由贸易区，对欧美经济乃至全球贸易格局和规则的演变都将产生重大而深远的影响。

思 考 题

1. 如何认识我国发展仍处于可以大有作为的重要战略机遇期？
2. 如何准确判断重要战略机遇期内涵和条件的变化？

第 二 章

加快形成新的经济发展方式

　　自党的十四届五中全会确立实现经济增长方式根本性转变的战略方针以来，我国在转变经济增长方式方面取得了不少成效。但从总体上看，经济增长方式尚未实现根本性转变。随着经济增长速度加快，增长方式粗放的问题更加突出，资源环境面临的压力越来越大，不仅影响当前经济健康发展，更将严重制约经济长期持续健康发展和全面建成小康社会目标的实现。党的十七大在全面把握我国经济发展规律的基础上，明确提出转变经济发展方式，并作为关系国民经济全局紧迫而重大的战略任务，反映了我们党对经济发展问题认识的深化。目前，我国已经是经济大国，但还不是经济强国，未来一个时期，我国将从经济大国向经济强国迈进，对加快形成新的经济发展方式提出了更加迫切的新要求。党的十八大明确提出全面建成小康社会和全面深化改革开放的目标，提出加快完善社会主义市场经济体制和加快转变经济发展方式的任务，这"两个全面""两个加快"，体现了发展、改革、转变的有机结合，是我国现代化建设进入新阶段的新要求。

第一节　转变经济发展方式概述

经济发展方式是指推动经济发展的各种要素投入及其组合的方式，实质是依赖什么要素、借助什么手段、通过什么途径、怎样实现经济发展。我们党对经济发展方式问题一直高度重视，特别是改革开放以来，为促进经济社会持续健康发展，在把握发展规律、破解发展难题、形成新的发展方式、提高发展质量和效益等方面，进行了大量探索创新，认识上日益成熟，实践中不断取得新的进展。

◇　一、加快转变经济发展方式的提出

为提高经济增长的质量和效益，早在 1987 年党的十三大就提出要从粗放经营为主逐步转变到以集约经营为主的轨道。党的十四大进一步提出，努力提高科技进步在经济增长中所占的含量，促进整个经济由粗放经营向集约经营转变。1995 年，党的十四届五中全会明确提出两个具有全局意义的根本性转变，即经济体制从传统计划经济体制向社会主义市场经济体制转变，经济增长方式从粗放型向集约型转变，这是第一次在中央文件中正式使用了"转变经济增长方式"的提法。1997 年，党的十五大又明确提出，转变经济增长方式，改变高投入、低产出，高消耗、低效益的状况。此后，转变经济增长方式不但成为一个理论热点，也成为一个经济实践的重点问题。

进入新世纪后，我们党对经济发展规律的认识进一步深化，形成了新时期指导经济社会发展全局的科学发展观。科学发展观的第

一要义是发展，核心是以人为本，基本要求是全面协调可持续，根本方法是统筹兼顾。科学发展观的提出说明，经济增长率不应成为衡量经济成就的唯一指标，经济成就的高低还需要用其他社会发展指标加以衡量。2006 年的中央经济工作会议结合贯彻落实科学发展观的新体会，提出实现又好又快发展是全面落实科学发展观的本质要求，首次站在国民经济发展全局的高度，把经济增长的质量与效益相对于经济增长速度置于优先地位。党的十七大在全面把握我国经济发展规律的基础上，从当时经济社会发展实际出发，将"转变经济增长方式"正式改为"转变经济发展方式"，这一提法的重大改动，标志着我们党对经济发展规律认识的又一次飞跃，蕴含着党指导经济发展的思路的重大调整。

增长方式主要是就增长过程中资源、劳动、资本等投入的效率而言的。而发展方式不仅包括了经济效益的提高、资源消耗的降低，也包含了经济结构的优化、生态环境的改善、发展成果的合理分配等内容。增长方式只回答了在要素投入方面用什么办法做大"蛋糕"的问题，而发展方式不仅在要素投入上回答怎样做大"蛋糕"，而且在发展道路上回答了用什么样的经济结构、什么样的环境代价做大"蛋糕"的问题。转变经济发展方式，不仅包含经济增长方式的转变，即从主要依靠增加资源投入和消耗来实现经济增长的粗放型增长方式，转变为主要依靠提高资源利用效率来实现经济增长的集约型增长方式，而且包括结构、质量、效益、生态环境保护等方面的转变。转变增长方式提出多年而进展缓慢，根本原因在于我国经济结构失衡、自主创新能力不强以及体制机制不健全，用转变发展方式替代转变增长方式，大力推动需求结构、产业结构、要素投入结构战略性调整，可以说更深刻地反映了破解经济发展深层次矛盾的要求，找到了解决发展难题的本源，具有更强的针对性和现实指导意义，同时也更全面地反映了广大人民群众的根本要求。

党的十七届五中全会进一步提出，要以科学发展为主题，以加快转变经济发展方式为主线，把加快转变经济发展方式贯穿经济社会发展全过程和各领域，坚持在发展中促转变、在转变中谋发展。党的十八大继承和深化了十七大和十七届五中全会关于加快转变经济发展方式的论述，明确提出，以科学发展为主题，以加快转变经济发展方式为主线，是关系我国发展全局的战略抉择，要适应国内外经济形势新变化，加快形成新的经济发展方式。这是我们党在总结多年来我国发展实践、全面审视新时期我国发展的新特点的基础上作出的重大判断，对于在新的历史起点上推动我国经济社会持续健康发展、顺利实现"两个一百年"奋斗目标具有重大指导意义。

◇　二、加快转变经济发展方式的重要性和紧迫性

加快转变经济发展方式是我国现代化建设进入新阶段的新要求，面对国内外环境新变化，我国原有的经济发展方式越来越难以适应发展的需要，加快形成新的经济发展方式、增强发展后劲刻不容缓。对此，我们可以从五个方面来理解。

（一）加快转变经济发展方式是适应国际经济环境新变化的迫切要求。今后一个时期，全球经济可能在较长时间里处于低速增长，我国发展的外部空间将受到制约；全球科技革命和产业变革、国家间贸易关系的调整，将使我国未来发展面临的国际产业、

技术竞争更加激烈；应对气候变化的博弈和能源资源的获取，粮食供求形势和金融体制的变化调整，也将影响我国经济安全。在这一新的背景下，如果我们不能尽快适应世情变化，改变传统发展模式，就很难更好地抵御各种风险冲击，就难以保障国家经济安全。只有以加快转变经济发展方式为主线，把经济增长更多地建立在扩大内需、结构优化、科技创新的基础上，才能应对新的挑战，在未来的国际经济竞争格局中赢得主动，扩大我国经济社会发展空间。

（二）加快转变经济发展方式是促进经济持续健康发展的根本途径。发展是第一要务。21 世纪头 20 年是我国发展的重要战略机遇期，机遇和挑战都前所未有。一方面，发展中一些长期积累的矛盾和问题将成为影响经济持续健康发展的重要制约因素；另一方面，伴随着工业化、信息化、城镇化、市场化、国际化的深入发展，人们的思想观念和消费行为、社会利益格局和大众诉求也在发生深刻变化，这些都对现有的增长模式提出了重大挑战。从国际上看，能够达到中等收入的国家不少，但能跨入高收入国家行列的却不多，根源就在于不平衡、不协调的粗放型增长方式不可持续，在于发展模式没有根据世情、国情和发展阶段的变化而转变，最终落入所谓的"中等收入陷阱"。我们要在这一重要时期实现经济持续健康发展，顺利跨越"中等收入陷阱"，就必须未雨绸缪，加快转变经济发展方式，抓住机遇、趋利避害、化解矛盾，这样才能实现"两个一百年"的奋斗目标，为实现中华民族伟大复兴的中国梦打下坚实基础。

（三）加快转变经济发展方式是促进经济提质增效升级的关键所在。当前和今后一个时期，促进国民经济提质增效升级，必须努力解决自主创新能力不强、产业结构不合理等突出问题。要从根本上解决这些问题，就必须加快转变经济发展方式，大力实施创新驱动战略，推动经济结构战略性调整；推动企业开展自主创新，改变核心技术受制于人的被动局面；推动产业结构优化升级，努力改变在国际产业链中处于低端位置的状况；提高产业发展的质量和效益，增强国民经济的核心竞争力。

（四）加快转变经济发展方式是破解资源环境瓶颈制约的重大举措。 我国自然资源禀赋总体较差、人均拥有资源量偏低，为了满足国内经济发展需要，我国能源资源进口越来越多，对国际市场的依存度正在逐步提高，能源资源供应风险明显增加。如果说一些短缺资源可以通过进口解决，但生态环境是无法直接进口的。当前，很多地区环境污染严重、生态系统退化、环境承载能力下降，对人民群众的生活质量造成很大损害。因此，只有加快转变经济发展方式，把生态文明建设放在突出位置，着力推进绿色发展、循环发展、低碳发展，形成有利于节约能源资源和保护环境的空间格局、产业结构、生产方式、生活方式，在建设资源节约型、环境友好型社会上取得重大进展，才能增强经济社会的可持续发展能力，实现中华民族永续发展。

（五）加快转变经济发展方式是更好地改善民生和促进经济社会协调发展的内在需要。 经济发展是社会建设的重要基础，社会建设是经济发展的有效保障。我国在经济实力明显增强的同时，社会事业发展有所滞后，一些地方，群众生活质量的改善与经济增长不相匹配，比如，居民收入占国民收入的比例偏低，不同群体之间的收入差距仍在扩大；在教育、医疗、住房等关系群众切身利益的领域，投入不足、体制机制不完善，上学难、看病难、住房难等问题仍较突出。破解这些难题，实现经济社会协调发展，出路在于加快转变经济发展方式，统筹经济和社会发展，始终把解决好人民最关心、最直接、最现实的利益问题放在工作首位，努力使广大人民共享改革发展成果。

◇　三、加快转变经济发展方式的初步成效

按照党中央关于加快转变经济发展方式的重大部署和要求，经过全国上下的共同努力，近年来我国在转变经济发展方式方面主动施策，取得了积极进展。

（一）**坚持扩大国内需求，内外需拉动经济增长的协调性增强**。消费方面，这几年，我国通过努力增加城乡居民收入，加快社会保障制度建设，居民消费能力和消费预期进一步改善；通过实施家电、汽车、建材下乡和节能产品惠民工程等刺激消费的政策，鼓励电子商务、健康、养老等新兴消费业态和消费热点发展，努力释放城乡居民消费潜力，消费结构不断升级；通过大力加强市场价格和产品质量监管，规范市场秩序，消费环境得到有效改善。近几年来，社会消费品零售总额始终保持两位数增长率，消费对经济增长的贡献有所提升。投资方面，以进一步优化政府投资投向、鼓励民间投资健康发展为重点，我国出台了一系列政策措施，推动投资在结构优化的同时保持了平稳较快增长。消费和投资的稳定增长使我国国内有效需求持续扩大，有效应对了国际金融危机的冲击，增强了经济的内生动力和抗风险能力。在着力扩大内需的同时，我国积极转变外贸发展方式，坚持把扩大进口与稳定出口结合起来，出口结构继续调整，贸易方式不断优化，进出口不平衡状况逐步改善。

（二）积极推进产业优化升级，三次产业趋向协同发展。

围绕巩固农业基础地位，制定实施了一系列强农惠农富农的政策措施。中央财政对"三农"的投入大幅增加，种粮补贴的范围不断扩大、标准不断提高、制度不断健全，重点粮食品种最低收购价政策不断完善，重要农产品临时收储政策稳步实施，主要农产品生产基地建设稳步推进，农业科技研发和推广力度不断加大，水利等农业基础设施建设全面加强。在这些政策措施的作用下，农业生产持续稳定发展，粮食产量实现连续 10 年增产，大宗农产品生产继续向优势产区集中，农产品优质化率进一步提高。科技创新对经济社会发展的支撑作用进一步显现。全社会研发投入持续增长，一批重大科技专项加快推进，以企业为主体、市场为

▲ 某农场大豆中耕飞机航化立体作业　　　　　　　　　　　　　　（作者提供）

导向、产学研相结合的技术创新体系进一步完善，科技人才队伍居世界首位，科技创新在一些领域取得重大突破，具有世界影响的重大科技成果不断涌现。培育发展战略性新兴产业的政策陆续出台，一批重大产业创新发展工程启动实施。传统产业加快转型升级步伐，出台并落实重点产业调整振兴规划，大力化解产能严重过剩矛盾，煤炭、钢铁等行业兼并重组稳步推进，产业集中度有所上升。服务业发展不断加快，生活性服务业持续增长，服务内容不断拓展、服务质量不断改进，金融保险、现代物流、工程咨询等生产性服务业发展势头良好，形成了一批知名企业和著名品牌，竞争力不断增强。2013 年，服务业增加值占国内生产总值比重已经超过工业。

（三）着力推进节能减排和生态文明建设，可持续发展能力进一步提高。我国坚持把节能减排作为推进结构调整的重要抓手，充分运用经济、法律和必要的行政手段，推动能源资源节约和环境保护。抑制"两高"行业快速增长，加大淘汰落后产能工作力度，深入开展循环经济试点，加快推进资源综合利用，不断加强污染防治和生态文明建设。经过多方努力，节能减排取得了明显成效，重点行业单位产品能耗、单位国内生产总值能耗、主要污染物排放量等持续下降，能源消费弹性系数由"十五"时期的 1.04 下降到 2013 年的 0.43 左右，环境质量总体稳定。

（四）完善落实区域发展政策，东中西部发展呈现良性互动态势。围绕发挥比较优势、缩小发展差距、促进基本公共服务均等化，我国出台了一系列重大规划和政策措施，明确了各区域发展的方向、目标和重点。通过实施区域发展总体战略和差别化区域政策，区域协调发展迈出新步伐。中西部地区经济增速连续多年超过东部地区，工业化、城镇化水平不断提升，在经济发展水平上与东部地区的差距正在缩小。东部地区在转变政府职能、加快转型升级等方面进行了积极探索，积累了有益经验。

（五）统筹城乡，城乡发展一体化水平得到提升。通过加大投入、完善政策、健全制度，大力发展农村社会事业，我国农村基本公共服务水平显著提升。农村义务教育巩固率超过90%，学生失学、辍学现象显著减少，新型农村合作医疗制度全面建立，老少边穷地区和农村医疗卫生资源不足的矛盾得到有效缓解，新型农村社会养老保险基本实现全覆盖，农村最低生活保障制度不断完善，基本实现了应保尽保，农村基础设施进一步改善，农村无电人口用电问题基本解决。近年来，我国农民收入实际增速一直较高，增幅超过同期城镇居民人均可支配收入，城乡居民收入差距有所缩小。与此同时，我国城镇化进程快速推进，城镇化率不断提高，环渤海、长江三角洲、珠江三角洲三大城市群快速发展，中原城市群、成渝城市群等迅速崛起，人口和经济的集聚能力不断增强。

◇ 四、加快转变经济发展方式的困难、问题和矛盾

尽管我国加快转变经济发展方式已经取得一些成绩，但必须清醒地认识到，我国还没有从根本上完成经济发展方式的转变，制约经济发展方式转变的深层次矛盾和问题还没有得到根本解决。主要表现在：在三大需求中，消费对经济的拉动作用还不强，特别是由于居民收入占国民收入的比重偏低，加上消费预期和消费环境还需进一步改善，使得居民消费潜力没有得到更好的释放，制约了消费的进一步扩大。在三次产业中，一产不稳、二

产不强、三产不足的问题还比较突出。农业生产比较效益低，科技水平不高，耕地和淡水资源约束趋紧，保障国家粮食安全仍面临诸多挑战。工业结构层次较低，高附加值、高技术含量和低消耗、低排放的先进制造业发展滞后，部分行业产能严重过剩。服务业特别是生产性服务业发展严重滞后，难以满足现代经济发展要求。在可持续发展上，资源环境约束还在强化。在城乡区域协调发展上，区域发展的相对差距有所缩小，但绝对差距仍在扩大；城乡二元结构矛盾突出，城乡收入差距较大的局面尚未根本扭转，农村居民享受到的公共服务远落后于城镇居民，缩小差距的任务还很繁重。

经济发展方式转变滞后是多方面因素造成的，更深层次的原因是发展观念还需要进一步转变，体制改革还需要进一步深化。比如，现有财税体制下，由于各级政府的财权与事权不匹配，一些地方特别是一些县乡政府支出责任与收入能力不对称，为缓解支出压力，只能通过加大投资，铺摊子，上项目。又比如，资源性产品价格形成机制尚不完善，一些重要原材料的价格不能完全反映资源稀缺程度和环境成本，使得企业的利润空间被畸形放大，刺激了企业的投资行为，也不利于全社会对资源的合理开发和节约高效利用。再比如，目前的政绩考核体制仍是以国内生产总值增长为主，增强了地方扩大投资的冲动，而弱化了地方政府提高增长质量、转变发展方式的自觉性和紧迫感。还比如，创新激励机制不健全，企业技术创新主体地位尚未真正确立，使得科技与经济"两张皮"的矛盾长期得不到有效解决，科技进步对经济增长的贡献率偏低。可以说，没有经济体制改革的全面深化，就难以实现经济发展方式的根本性转变。

第二节　加快转变经济发展方式是实现经济持续健康发展的必由之路

党的十八大明确提出，要适应国内外经济形势新变化，加快形成新的经济发展方式，把推动发展的立足点转到提高质量和效益上来，着力激发各类市场主体发展新活力，着力增强创新驱动发展新动力，着力构建现代产业发展新体系，着力培育开放型经济发展新优势，使经济发展更多地依靠内需特别是消费需求拉动，更多地依靠现代服务业和战略性新兴产业带动，更多地依靠科技进步、劳动者素质提高、管理创新驱动，更多地依靠节约资源和循环经济推动，更多地依靠城乡区域发展协调互动，不断增强长期发展后劲。

✧ 一、把推动发展的立足点转到提高质量和效益上来

我国经济社会发展中不平衡、不协调、不可持续的矛盾非常突出，集中表现在经济发展的质量和效益不高。加快形成新的经济发展方式，把推动发展的立足点转到提高质量和效益上来，是科学发展的重要目标和战略举措，是实现经济持续健康发展的必然要求。从我国基本国情来看，经济社会发展的资源环境承载能力较低：人均耕地、林地、草地面积和淡水资源分别仅相当于世界平均水平的 43%、14%、33% 和 25%；煤、石油、铁矿石、铜等主要矿产资源的人均占有量分别只有世界平均水平的 67%、6%、50% 和 25%，而且矿产资源品位低、贫矿多、难选冶矿多；土地资源中难利用地多、宜农地少，宜居面积仅占国土面积的 20%；水土资

源空间匹配性差，许多资源富集区与生态脆弱区重叠。资源禀赋约束的长期存在，决定了我国只有加快转变以往那种高投入、高消耗、高污染、低质量、低效益的经济发展方式，推动经济结构战略性调整，加强节能减排和生态环境保护，才可能缓解资源环境瓶颈压力，增强发展的可持续性。

从我国发展面临的国际环境来看，全球经济进入大调整、大变革时期，外需不振成为常态，国际科技经济竞争更趋激烈。在这种情况下，要保持并提高我国产品的国际市场份额，使我国在更加激烈的国际竞争中创造新优势、赢得主动权，势必要求我们加快推动产业优化升级，大力增强自主创新能力，提高产业发展质量和效益。

从全面建成小康社会奋斗目标的新要求来看，随着经济发展和居民收入水平的提高，人民群众对生活质量、生态环境、社会公平等方面的要求越来越高、越来越迫切，必须改变以往只见增长、难见发展的做法，加快形成速度与质量并重、经济效益与社会效益、环境效益共赢的发展方式，在改善生活生态环境、缩小城乡区域发展差距、调整收入分配结构、促进经济社会协调发展方面取得实质性进展，更好地满足人民群众对美好生活的新期待，为建成惠及全体人民的更高水平的小康社会、为实现"两个一百年"奋斗目标奠定更为坚实的基础。

✧ 二、把推动发展的重点放到"四个着力"上

一是着力激发各类市场主体发展新活力。市场主体是经济发展的动力源。改革发展的过程，就是要不断增强各类市场主体活力的

过程。要坚持"两个毫不动摇"方针，加快重点领域和关键环节改革步伐，为激发各类市场主体发展新活力创造体制政策环境。

二是着力增强创新驱动发展新动力。创新是推动发展的不竭动力。当前，发达国家和新兴经济体纷纷强化创新战略部署，我国要在新一轮国际产业竞争和全球价值链分工中抢占先机，必须坚持走中国特色自主创新道路，抓紧实施创新驱动发展战略，全力依靠创新驱动提高发展的质量和效益。

三是着力构建现代产业发展新体系。产业结构优化升级是形成新的发展方式的重要内容。我国高技术产业遇到发达国家的强大压力，低端制造业又面临新兴经济体的激烈竞争。随着美欧等国家推行再工业化战略，我国必须着力构建与绿色发展、新能源、信息化相融合的现代产业体系，不断增强国际竞争力。

四是着力培育开放型经济发展新优势。在对外开放的环境中谋发展是我国经济发展的重要特征。我国过去主要依靠劳动力、土地、能源资源、环境等生产要素的低成本比较优势，参与国际竞争，并逐步成为世界贸易大国。但随着劳动力成本不断上升，土地供应日趋紧张，能源资源和生态环境约束强化，传统优势正在逐步削弱。迫切需要加快形成以技术、品牌、质量、服务为核心竞争力的新优势，完善互利共赢、多元平衡、安全高效的开放型经济体系。

◇ 三、加快形成"五个更多"的新经济发展方式

一是更多地依靠内需特别是消费需求拉动。扩大内需是我国经济发展的基本立足点和长期战略方针。我国人口众多，地域辽阔，

内需潜力特别是潜在消费需求大是经济发展的最大优势。国内外经验也表明，只有立足内需才能更好地抵御外部冲击。必须尽快改变我国经济高度依赖国际市场的增长格局，使发展更多地依靠内需特别是消费和投资协调拉动，把经济增长建立在内需持续扩大、民生不断改善的基础之上。从全球经济发展看，这不仅是中国经济可持续发展的需要，也是拉动世界经济增长的巨大动力。

　　二是更多地依靠现代服务业和战略性新兴产业带动。优化产业结构，既要继续发挥我国比较优势，改造和提升传统产业；又要面向社会生产和人民生活，加快发展服务业；还要着眼于抢占未来技术和产业制高点，大力培育发展战略性新兴产业。我国农业基础薄弱、服务业特别是现代服务业发展滞后，经济增长主要依靠第二产业带动。这种产业结构，加大了资源环境和就业压力，也制约了经

▲ 草原上的风电场

（新华社发　金宇／摄）

济整体素质和效益的提高。要努力提高现代服务业和战略性新兴产业在国民经济中的比重，增强其对经济增长的带动力。

三是更多地依靠科技进步、劳动者素质提高、管理创新驱动。科技是第一生产力，人才是第一资源。我国经济发展由于过度依赖传统要素投入，各项要素的技术含量不高，科技进步和创新的贡献有限。这种状况已难以适应国际科技竞争加剧和我国劳动力供给变化的新趋势。必须改变靠拼资源、拼环境、拼劳动力赚取微薄利润的发展方式，促进发展更多地依靠科技进步、劳动者素质提高、管理创新驱动，逐步形成以科技进步和创新为核心的新的增长动力。

四是更多地依靠节约资源和循环经济推动。节约资源和保护环境是我国的基本国策，也是世界各国发展的共同趋势。我国经济增长方式粗放，能源、资源环境代价过大，不仅单位产出能源资源消耗居高不下，而且各种原因造成的浪费也相当严重。部分资源已高度依赖进口，能源资源供应安全面临严峻挑战。必须坚持实施可持续发展战略，大力强化资源节约，推进循环经济发展，力争以最小的能源、资源环境代价支撑经济的可持续发展。

五是更多地依靠城乡区域发展协调互动。城乡区域协调发展是全面建设小康社会的内在要求。我国城乡区域发展不平衡，城乡之间、区域之间居民享有的基本公共服务、基础设施等条件以及居民收入水平还有较大差距。广大农村地区、中西部地区，以及革命老区、民族地区、边疆地区和贫困地区，特别是集中连片特殊困难地区，发展仍然滞后。要加快消除城乡区域协调发展的体制性障碍，促进生产要素合理流动、公共资源公平配置，积极稳妥推进城镇化，加快新农村建设，大力实施区域发展总体战略和主体功能区战略，实现城乡区域协调互动发展。

第三节　形成新的经济发展方式的
战略重点和有效途径

党的十八大对加快形成新的经济发展方式做了全面部署，必须坚持走中国特色新型工业化、信息化、城镇化、农业现代化道路，推动信息化和工业化深度融合、工业化和城镇化良性互动、城镇化和农业现代化相互协调，促进工业化、信息化、城镇化、农业现代化同步发展。重点要在以下五个方面下功夫。

◇　一、全面深化经济体制改革

全面深化经济体制改革是加快转变经济发展方式的关键，要坚持依靠改革促进经济提质增效升级。经济体制改革的核心问题是处理好政府和市场的关系，发挥市场在资源配置中的决定性作用，更好发挥政府作用。要毫不动摇地巩固和发展公有制经济，推行公有制多种实现形式，深化国有企业改革，完善各类国有资产管理体制，推动国有资本更多地投向关系国家安全和国民经济命脉的重要行业和关键领域，不

（新华社发）

断增强国有经济活力、控制力、影响力。毫不动摇地鼓励、支持、引导非公有制经济发展，保证各种所有制经济依法平等使用生产要素、公平参与市场竞争、同等受到法律保护，完善产权保护制度，积极发展混合所有制经济。加快完善现代市场体系，建立公平开放透明的市场规则，完善主要由市场决定价格的机制。加快转变政府职能，健全宏观调控体系，全面正确履行政府职能，优化政府组织结构。深化财税体制改革，改进预算管理制度，完善税收制度，健全中央和地方财力与事权相匹配的体制，完善促进基本公共服务均等化和主体功能区建设的公共财政体系，构建地方税体系，形成有利于结构优化、社会公平的税收制度。建立公共资源出让收益合理共享机制。深化金融体制改革，健全促进宏观经济稳定、支持实体经济发展的现代金融体系，加快发展多层次资本市场，稳步推进利率和汇率市场化改革，逐步实现人民币资本项目可兑换。加快发展民营金融机构。完善金融监管，推进金融创新，提高银行、证券、保险等行业竞争力，维护金融稳定。

✧ 二、实施创新驱动发展战略

科技创新是提高社会生产力和综合国力的战略支撑，必须摆在国家发展全局的核心位置。要坚持走中国特色自主创新道路，以全球视野谋划和推动创新，提高原始创新、集成创新和引进消化吸收再创新能力，更加注重协同创新。深化科技体制改革，推动科技和经济紧密结合，加快建设国家创新体系，着力构建以企业为主体、市场为导向、产学研相结合的技术创新体系。完善知识创新体系，强化基础研究、前沿技术研究、社会公益技术研究，提高科学研究水平和成果转化能力，抢占科技发展战略制高点。实施国家科技重大专项，突破重大技术瓶颈。加快新技术、新产品、新工艺研发应用，加强技术集成和商业模式创新。完善科技创新评价标准、激励机制、转化机制。实施知识产权战略，加强知识产权保护。促进创新资源高效配置和综合集成，把全社会智慧和力量凝聚到创新发展上来。

✧　三、推进经济结构战略性调整

这是加快转变经济发展方式的主攻方向。必须以改善需求结构、优化产业结构、促进区域协调发展、推进城镇化为重点，着力解决制约经济持续健康发展的重大结构性问题。要牢牢把握扩大内需这一战略基点，加快建立扩大消费需求长效机制，释放居民消费潜力，保持投资合理增长，扩大国内市场规模。牢牢把握发展实体经济这一坚实基础，实行更加有利于实体经济发展的政策措施，强化需求导向，推动战略性新兴产业、先进制造业健康发展，加快传统产业转型升级，推动服务业特别是现代服务业发展壮大，合理布局建设基础设施和基础产业。建设下一代信息基础设施，发展现代信息技术产业体系，健全信息安全保障体系，推进信息网络技术广泛运用。提高大中型企业核心竞争力，支持小微企业特别是科技型小微企业发展。继续实施区域发展总体战略，充分发挥各地区比较优势，优先推进西部大开发，全面振兴东北地区等老工业基地，大力促进中部地区崛起，积极支持东部地区率先发展。采取对口支援等多种形式，加大对革命老区、民族地区、边疆地区、贫困地区扶持力度。科学规划城市群规模和布局，增强中小城市和小城镇产业发展、公共服务、吸纳就业、人口集聚功能。加快改革户籍制度，有序推进农业转移人口市民化，努力实现城镇基本公共服务常住人口全覆盖。

◇ 四、推动城乡发展一体化

解决好农业农村农民问题是全党工作重中之重，城乡发展一体化是解决"三农"问题的根本途径。要加大统筹城乡发展力度，增强农村发展活力，逐步缩小城乡差距，促进城乡共同繁荣。坚持工业反哺农业、城市支持农村和多予少取放活方针，加大强农惠农富农政策力度，让广大农民平等参与现代化进程，共同分享现代化成果。加快发展现代农业，增强农业综合生产能力，确保国家粮食安全和重要农产品有效供给。坚持把国家基础设施建设和社会事业发展重点放在农村，深入推进新农村建设和扶贫开发，全面改善农村生产生活条件。着力促进农民增收，保持农民收入持续较快增长。坚持和完善农村基本经营制度，依法维护农民土地承包经营权、宅基地使用权、集体收益分配权，壮大农村集体经济实力，培育专业大户、家庭农场、农民合作社、农业企业等新型农业经营主体，发展多种形式适度规模经营，构建集约化、专业化、组织化、社会化相结合的新型农业经营体系。改革征地制度，提高农民在土地增值收益中的分配比例。加快完善城乡发展一体化体制机制，着力在城乡规划、基础设施、公共服务等方面推进一体化，促进城乡要素平等交换和公共资源均衡配置，形成以工促农、以城带乡、工农互惠、城乡一体的新型工农、城乡关系。

✧ 五、全面提高开放型经济水平

适应经济全球化新形势，必须实行更加积极主动的开放战略，完善互利共赢、多元平衡、安全高效的开放型经济体系。要加快转变对外经济发展方式，推动开放朝着优化结构、拓展深度、提高效益方向转变。创新开放模式，促进沿海内陆沿边开放优势互补，形成引领国际经济合作和竞争的开放区域，培育带动区域发展的开放高地。坚持出口和进口并重，强化贸易政策和产业政策协调，形成以技术、品牌、质量、服务为核心的出口竞争新优势，促进加工贸易转型升级，发展服务贸易，推动对外贸易平衡发展。提高利用外资综合优势和总体效益，推动引资、引技、引智有机结合。加快走出去步伐，增强企业国际化经营能力，培育一批世界水平的跨国公司。统筹双边、多边、区域、次区域开放合作，加快实施自由贸易区战略，推动同周边国家互联互通。提高抵御国际经济风险能力。

① _ 案 例 _

天津滨海新区加快转变经济发展方式的做法和成效

天津滨海新区自 2009 年设立行政区以来，着力调整经济结构，加快推动经济发展方式转变，经济社会发展取得显著成就。

一是大力提升科技创新能力。积极推进国家创新型城区、国家知识产权试点城区、国家"863 计划"产业化伙伴城区建设，实施国家重大科技项目 110 项，建成 7 个国家高新技术产业基地、10个行业技术中心、15个产业技术联盟,新增96家国家级和省部级工程中心、企业技术中心和重点实验室。大力实施科技小巨人计划,科技型中小企业达到1.4万家,小巨人企业715家。"天河一号""曙光星云"超级计算机等一批国际领先水平的科技成果投入使用。科技进步对经济增长的贡献率达到61%。

二是推动产业结构优化升级。积极发展设施农业,基本建成3个市级农业科技园和13个农业标准化生产示范基地,累计新增设施农业3.7万亩,形成一批标志性农产品品牌。推动先进制造业集聚发展,围绕汽车、装备制造、石油化工、电子信息、航空航天、新材料、新能源等优势产业,累计实施566项重大工业项目,建成5个国家级新型工业化示范基地,培育超百亿级企业集团21个,其中超千亿级企业集团3个,2013年工业总产值比2009年增长1.2倍。大力发展服务业,以10个服务业聚集区为载体,实施重大服务业项目550项,服务业增加值年均增长18.3%。高端高质高新化现代产业体系基本形成。

三是统筹区域发展,推进城乡一体化。紧紧围绕"一城双港、三片四区"的空间布局,构建了"东港口、南重工、西高新、北旅游、中服务"5大产业聚集板块,各产业功能区坚持建设与招商同步,功能与产业融合,产业集中度大幅提升。推进城乡就业、社会保障、基本公共服务等二元并轨。创新流动人口管理模式,4年来,累计7000名优秀外来建设者落户新区。

四是深化重要领域改革。加快推进行政体制改革,承接 4 批共 269 项市级审批权限和职能事权，大幅精简审批要件，实行重大项目联席会议、联合审批、代办服务等工作制度。建立了股权、碳排放、金融资产等 10 个创新型交易市场，开展全国非上市公司场外交易市场首批扩容试点。实施船舶登记制度、国际航运税收、离岸金融、租赁业务和商业保理等改革措施先行先试。推动公交集团等一批企业资产重组，对经营性国有资产实行统一监管。进一步改善民营经济发展环境，市场创新活力和经济发展动力极大增强。

2009—2013 年，全区生产总值由 3810 亿元增长到 8000 亿元以上，年均增长 21.6％；财政一般预算收入由 315.5 亿元增长到 878 亿元，年均增长 29.2％；社会消费品零售总额由 451 亿元增长到 1158 亿元，年均增长 20％；外贸进出口总额达到 894 亿美元，年均增长 19.5％；累计固定资产投资 1.65 万亿元，年均增长 21.1％；累计实际利用外资 364 亿美元，年均增长 17.9％；万元生产总值能耗累计下降 16％；城乡居民人均可支配收入年均分别增长 12％和 13％；教育、医疗、卫生、社保等各项社会事业全面发展。

站在新的起点上，滨海新区将着力改革攻坚，加快开放步伐，提升产业层次、改善生态环境，完善城市功能，力争到 2020 年建设成为我国北方对外开放的门户、高水平的现代制造业和研发转化基地、北方国际航运中心和国际物流中心，逐步成为经济繁荣、社会和谐、环境优美的宜居生态型新城区。

■ **本章小结** ■················

　　以科学发展为主题、以加快转变经济发展方式为主线，是关系我国发展全局的战略决策。要适应国内外经济形势新变化，加快形成新的经济发展方式，把推动发展的立足点转到提高质量和效益上来，着力激发各类市场主体发展新活力，着力增强创新驱动发展新动力，着力构建现代产业发展新体系，着力培育开放型经济发展新优势，使经济发展更多地依靠内需特别是消费需求拉动，更多地依靠现代服务业和战略性新兴产业带动，更多地依靠科技进步、劳动者素质提高、管理创新驱动，更多地依靠节约资源和循环经济推动，更多地依靠城乡区域发展协调互动，不断增强长期发展后劲。加快转变经济发展方式，必须全面深化经济体制改革，实施创新驱动发展战略，推进经济结构战略性调整，推动城乡发展一体化，全面提高开放型经济水平。

名 词 解 释

　　经济发展方式：指经济发展的方法、手段和模式。与经济增长方式的区别在于，经济增长方式指通过生产要素的数量增加、质量改善和组合优化实现产出规模的增长，偏重于数量的概念；而经济发展方式不仅包括经济增长方式，而且包括经济结构、经济运行的质量和效益、能源资源消耗和环境保护、经济社会自然发展的协调与和谐、发展成果的共享等多个方面的内容，不仅重视经济规模的扩大和效率的提高，更强调经济的质量和效益、经济发展的可持续性和发展成果的共享。

　　现代产业体系：是指以高科技含量、高附加值、低能耗、低污染、自主创新能力强的产业群为核心，以技术、人才、资本、信息等高效运转的产业辅助系统为支撑，以环境优美、基础设施完备、社会保障有力、市场秩序良好的产业发展环境为依托，并具有产业结构高级化、产业发展集聚化、产业竞争力国际化等特征的产业体系。

📝 思 考 题

1. 为什么必须加快形成新的经济发展方式，把推动发展的立足点转到提高质量和效益上来？

2. 新的经济发展方式的内涵是什么？

3. 新的经济发展方式的战略重点有哪些？

第 三 章

全面深化经济体制改革

体制机制与经济发展方式密切相关。体制机制影响和制约着市场主体的行为方式，而市场主体的行为方式又决定了经济发展方式，体制机制如果不合理，就难以有好的经济发展方式。我国经济社会发展实践也表明，转变经济发展方式的主要难点还是体制机制障碍，没有体制机制上的重大突破，就不可能有经济发展方式的根本性转变。

第一节　深化经济体制改革是加快形成新的经济发展方式的关键

长期以来，我国转变经济发展方式进展缓慢，深层次原因在于体制机制不健全、相关领域改革滞后。要加快形成新的经济发展方式，关键是要全面深化经济体制改革，以改革促转变。

◇　一、改善需求结构必须依靠深化改革

我国投资和消费关系失衡，投资率偏高，消费率偏低，其中

居民消费需求严重不足。主要原因：一是收入分配制度改革滞后，劳动报酬在初次分配中的比重、居民收入在国民收入分配中的比重逐步下降，居民消费能力受到较大制约。二是社会保障制度不健全，居民预防性储蓄倾向较强，居民储蓄率偏高，这也是居民当期消费需求不足的重要原因。三是城镇化发展机制不健全，农业转移人口市民化进程受阻，城镇化中蕴含的巨大需求潜力未能有效激活。四是投资体制改革不到位，企业投资自主决策权尚未完全确立，政府调控与监管的有效性不够，导致部分地方部分行业盲目建设、重复投资。五是市场形成价格的机制还不健全，能源资源等要素价格没有真正反映市场供求关系、资源稀缺程度和环境损害成本，一定程度上助长了投资需求过快增长。因此，要扩大内需特别是扩大消费需求，促进经济发展由主要依靠投资、出口拉动向依靠消费、投资、出口协调拉动转变，就必须深化投资、财税、价格、行政体制、收入分配、社会保障、户籍管理等方面的改革。

❖ 二、优化产业结构必须依靠深化改革

我国第二产业特别是重化工业发展很快，而服务业发展相对滞后。尽管我国服务业增加值占国内生产总值的比重已经超过第二产业，但与发展水平相当的其他国家相比，仍明显偏低，经济增长仍较多依赖第二产业特别是工业拉动。主要原因：一是资源性产品价格偏低，助长了高消耗、高排放的重化工业盲目扩张。二是税收制度不够合理，服务业普遍征收营业税，"营改增"还处于试点阶段，税负较重制约了服务业的发展活力。三是服务业尤其是生产性服务

业准入门槛较高，普遍存在针对民间资本的歧视性政策，阻碍了民营经济的进入。要加快发展服务业，促进经济发展由主要依靠第二产业带动向依靠第一、第二、第三产业协调带动转变，就必须深化要素价格、财税体制、市场准入等方面改革。

✧ 三、优化要素投入结构必须依靠深化改革

我国传统经济发展方式具有高投入、高消耗、高排放的特征。这种粗放型发展方式与不合理的资源配置模式密切相关。究其原因：一是资本、土地、劳动力等要素市场发育还比较滞后，市场配置资源的决定性作用尚未充分发挥，资源配置效率较低。二是企业经营机制转换不到位，现代企业制度的激励、约束机制尚未完全建立，特别是国有企业依然存在比较普遍的预算软约束问题。三是节能环保、知识产权等标准、法规和监管不健全。四是科技创新体系、人才培养机制不完善，制约了创新驱动作用的有效发挥。因此，要促进经济发展由主要依靠物质资源消耗向主要依靠科技进步、劳动者素质提高、管理创新转变，从根本上说，必须深化要素市场、企业制度、科技、教育等方面体制的改革。

总之，深化经济体制改革是转变经济发展方式的关键。正是由于经济体制改革任务还远远没有完成，使得一系列体制机制障碍影响和制约了经济发展方式的转变，必须以更坚定的决心、更大的勇气、更多的智慧，全面深化经济体制改革，从深处着力破除传统发展方式赖以存在的体制机制，加快形成有利于经济发展方式转变的制度安排和利益导向。

第二节　深化经济体制改革的核心问题是
处理好政府和市场关系

我国三十多年的经济体制改革，从本质上看就是党对政府和市场关系不断深化认识、不断探索实践、不断改进创新的过程。从大一统的计划经济到市场在资源配置中起基础性作用，到党的十八大提出更大程度更广范围发挥市场在资源配置中的基础性作用，再到党的十八届三中全会明确要充分发挥市场在资源配置中的决定性作用和更好发挥政府作用，是理论上一次又一次的重大突破，也是实践上一次又一次的重大创新。正确认识使市场在资源配置中起决定性作用和更好发挥政府作用，关键要把握好以下三个方面。

◇　一、使市场在资源配置中起决定性作用

市场决定资源配置是市场经济的一般规律，市场经济本质上就是市场决定资源配置的经济。国内外发展的实践都证明，政府配置资源效率低下，浪费严重，市场配置资源是最有效率的形式。

1992 年，邓小平在南方谈话中指出："计划多一点还是市场多一点，不是社会主义与资本主义的本质区别。计划和市场都是经济手段。"邓小平南方谈话破除了人们在计划与市场关系上的思想束缚，关于社会主义可以搞市场经济的思想，指明了市场化改革的方向，找到了深化经济体制改革的关键，就是要正确处理政府与市场之间的关系。党的十四大确定了我国经济体制改革的目标是建立社会主义市场经济体制，提出要使市场在社会主义国家宏观调控下对

资源配置起基础性作用，在保持社会主义性质的前提下，充分发挥计划与市场两种手段的长处，兼顾效率和公平。党的十六大提出，在更大程度上发挥市场在资源配置中的基础性作用。党的十八大进一步提出，要更大程度更广范围发挥市场在资源配置中的基础性作用。党的十八届三中全会明确提出，使市场在资源配置中起决定性作用和更好发挥政府作用。从党的十四大到十八届三中全会的二十多年间，随着我国社会主义市场经济体制的建立和不断完善，市场配置资源的功能和条件逐步形成，我们党在总结改革实践的基础上，对政府与市场关系的认识不断深化，把对市场作用的定位从以往的"基础性"作用变为"决定性"作用，虽然只有两字之差，却是根本性的变化。强调市场要在资源配置中起"决定性"作用，这实际上是进一步强化了市场的作用，遵循了市场经济的规律。正是认识上的不断深化，推动了改革实践的不断深入，使市场的力量一步步得到释放，从而有力促进了经济持续健康发展。

当前，我国的市场经济体制还存在不少问题。一方面，市场体系不完善，市场秩序不规范，市场规则不统一，市场竞争不充分。另一方面，政府对微观经济直接干预过多，行政权力过大、审批过细过多，政府对市场的监管和调控不到位。这些问题的存在，极大地影响了资源配置效率，制约了经济社会发展的活力和动力。这些问题的产生，归根结底就是市场在资源配置中的作用还没有得到足够重视、还没有得到充分发挥。只有进一步释放市场的力量，正确处理好政府和市场关系，才能使社会主义市场经济体制更加完善和定型。我们必须不失时机地加大改革力度，坚持社会主义市场经济改革方向，在思想上更加尊重市场决定资源配置这一市场经济的一般规律，在行动上大幅度减少政府对资源的直接配置，推动资源配置依据市场规则、市场价格、市场竞争，切实转变经济发展方式，努力实现资源配置效率最优化和效益最大化。

✧ 二、要更好发挥政府作用

充分发挥市场在资源配置中的决定性作用，绝不是说政府就无所作为。从市场经济几百年的历史进程看，市场调节往往存在着自发性、盲目性、滞后性等严重缺陷，往往导致事后以破坏性的形式对经济结构、资源配置、财富隶属关系等进行调整，表现为周期性的经济危机，而且难以调节社会公益事业，容易导致垄断和分配不公，产生两极分化。事实上，当今社会并不存在完全自由的市场经济，即便是鼓吹新自由主义经济学的西方发达国家，也存在一定程度的政府干预，强调运用财政、货币等政策手段干预经济和配置资源。比如，这次应对国际金融危机过程中，为减轻危机带来的冲击、保障市场正常运行、稳定社会信心，美欧日等发达经济体均采取了一系列政府干预经济的政策措施，包括财政刺激政策、量化宽松的货币政策、对部分市场影响大的金融机构进行国家扶持等。从结果看，如果没有政府的及时干预和救市，国际金融危机的深度和广度将远不止于此。这些都充分表明，市场经济并不排斥政府的作用，市场失灵的存在恰恰证明了只有更好地发挥政府的作用，市场对资源配置的决定性作用才能得到更好的保障。

市场在资源配置中发挥决定性作用，实际上也对提升政府治理能力提出了更高的要求。比如，市场决定资源配置能带来更高的效率和更高的经济效益，但如果缺少相关法律法规的约束和有效的市场监管，好的经济效益并不意味着必然有好的社会效益，资本的唯利是图往往会挑战社会的公平公正，引发一系列社会矛盾。再比如，市场失灵的广泛存在，意味着政府必须在一些公共产品领域"查缺补漏"，通过有计划的政府行为，推进基本公共服务均等化，维护好发展好最广大人民群众的根本利益。又比如，由于信息不充分和信息不对称普遍存在，市场的盲目性靠市场自身是无法克服的，这就给经济危机埋下隐患，为减少经济动荡、及时有效平衡市场供求关系，就必须搞好宏观调控、强化对市场的引导和服务。当前，我国存在较多政府错位和缺位的问题，宏观调控的前瞻性、精准性有待加强，调控手段和调控方式需要进一步完善；政府提供公共服务的能力、公共服务的质量和水平都亟待提高；对市场的监管、对市场公平竞争秩序的维护都需要加强，监管方式和监管手段也要进一步创新。总之，无论是弥补市场失灵、维护社会公平正义，还是更好地发挥社会主义制度优越性，都要求我们努力提升政府治理能力，更好发挥政府作用。

更好发挥政府作用，关键是全面正确履行政府职能。政府在大幅度减少对资源直接配置的同时，要围绕建设法治政府和服务型政府，切实解决政府职能越位、缺位、错位的问题。要坚持宏观政策要稳、微观政策要活、社会政策要托底，切实加强和改善宏观调控，减缓经济周期波动影响，保持宏观经济稳定，推动可持续发展。要针对全局性、战略性、前瞻性的重大问题，加强发展战略、规划、政策、标准等制定和实施。要面向人民群众对美好生活的新期待，提供更多优质公共服务，通过保基本、保底线、促公平，使广大群众共享改革发展成果，促进共同富裕。要更加注重保障公平竞争、加强市场监管、维护市场秩序，创造市场机制正常发挥作用的条件和环境，让市场主体有更多的活力和更大的空间来创造财富、发展经济、造福人民。

❖ 三、搞好政府和市场"两只手"的协调配合

市场作用和政府作用各有优势，两者不是对立的关系，而是优势互补、相辅相成的。完善的社会主义市场经济体制，需要市场和政府"两只手"各司其职，加强协调配合：市场这只"看不见的手"，在资源配置中发挥决定性作用；政府"看得见的手"，弥补市场失灵、维护社会公平正义。政府与市场的关系，不是简单的此消彼长，发挥市场的决定性作用，并不是简单地让市场作用多一些、政府作用少一些，而是要统筹把握，让两者优势互补，有机结合，协同发力，关键是要找到最佳的结合点。要划清政府和市场的边界，凡属市场能发挥作用的，政府要简政放权，减少干预，克服政府包揽一切的思维倾向；凡属市场难以有效发挥作用的，政府应当主动补位，该管的要坚决管住管好管到位，避免出现市场大幅波动，防范市场风险和社会风险。政府要做到有所为有所不为，明确市场主体不能做什么，至于能做什么，该做什么，由市场主体根据市场变化自行作出判断。只有找准市场功能和政府行为的最佳结合点，才能把市场和政府的优势都充分发挥出来，更好地体现社会主义市场经济体制的特色和优势。

第三节　全面深化经济体制改革的重点任务

党的十八届三中全会提出了全面深化经济体制改革的总体思

路，就是要紧紧围绕使市场在资源配置中起决定性作用深化经济体制改革，坚持和完善基本经济制度，加快完善现代市场体系、宏观调控体系、开放型经济体系，加快转变经济发展方式，加快建设创新型国家，推动经济更有效率、更加公平、更可持续发展。按照这一总体思路，全面深化经济体制改革包括六项任务：一是坚持和完善基本经济制度；二是加快完善现代市场体系；三是加快转变政府职能；四是深化财税体制改革；五是健全城乡发展一体化体制机制；六是构建开放型经济新体制。这里，重点介绍前四个方面的改革举措，余下两方面的改革，后文相应章节会再作论述。

✧ 一、坚持和完善基本经济制度

公有制为主体、多种所有制经济共同发展的基本经济制度，是中国特色社会主义制度的重要支柱，也是我国社会主义市场经济体制的根基。坚持基本经济制度，必须坚持党的十八届三中全会《决定》提出的"两个都是"和"两个毫不动摇"，即：公有制和非公有制经济都是社会主义市场经济的重要组成部分，都是我国经济社会发展的重要基础；要毫不动摇地巩固和发展公有制经济，坚持公有制主体地位，发挥国有经济主导作用，毫不动摇地鼓励、支持、引导非公有制经济发展，激发非公有制经济活力和创造力。完善基本经济制度，重点是以下三个方面。

（一）积极发展混合所有制经济。国有资本、集体资本、非公有资本等交叉持股、相互融合的混合所有制经济，是基本经济制度的重要实现形式。积极发展混合所有制经济，有利于国有资本放大功能、保值增值、提高竞争力，是新形势下坚持公有制主体地位，增强国有经济活力、控制力、影响力的一个有效途径和必然选择。发展混合所有制经济要求改革混合所有制经济的持股形式，基本路径是"三个允许"：允许更多国有经济和其他所有制经济发展成为混合所有制经济，允许非国有资本参股国有资本投资项目，允许混合所有制经济实行企业员工持股。

投资体制改革方面

投资项目核准和备案管理制度进一步完善，在基础设施等领域首批推出**80个**鼓励社会资本参与建设营运的示范项目。
2014年4月23日国务院常务会议

● 在铁路、港口等交通基础设施，新一代信息基础设施，重大水电、风电、光伏发电等清洁能源工程，油气管网及储气设施、现代煤化工和石化产业基地等方面，首批推出80个符合规划布局要求、有利转型升级的示范项目，面向社会公开招标，鼓励和吸引社会资本以合资、独资、特许经营等方式参与建设营运。

● 会议要求，要完善配套实施细则，推动基础设施和公用事业特许经营等立法，加强对落实情况的督促检查。

（中国政府网制作）

ⓘ _案　例_

引入民间资本推进蒙西华中煤运通道建设

　　长期以来，我国铁路建设资金以政府投资和铁路系统自身融资为主。随着铁路融资能力下降，这种状况已难以满足铁路大规模建设需求，也让铁路背负起日益沉重的包袱。2013 年 8 月，国务院印发《关于改革铁路投融资体制　加快推进铁路建设的意见》（国发〔2013〕33 号），提出推进铁路投融资体制改革，多方式多渠道筹集建设资金。该意见明确提出，要向地方政府和社会资本放开城际铁路、市域（郊）铁路、资源开发性铁路和支线铁路的所有权、经营权，鼓励社会资本投资建设铁路。

蒙西至华中地区铁路煤运通道起自内蒙古自治区鄂尔多斯市，终至江西省吉安市，穿越陕西、山西、河南、湖北、湖南等7省区，共经过13市28县（旗），线路全长1837公里。该项目连接蒙陕甘宁能源"金三角"地区与湘鄂赣等华中地区，是"北煤南运"新的国家战略运输通道，是衔接多条煤炭集疏线路、点网结合、铁水联运的大能力、高效煤炭运输系统和国家综合交通运输系统的重要组成部分。

蒙西华中煤运通道建设总投资1820亿元，铁路规划设计输送能力为2亿吨，建成运营初期输送能力达到1亿吨，日开行客车20对。蒙华铁路由16家企业投资入股筹建，中国铁路建设投资公司代表中铁总公司持20%股份，中国神华能源股份有限公司、中国中煤能源股份有限公司、国投交通公司、陕西煤业化工集团有限责任公司、淮南矿业（集团）有限责任公司、伊泰煤炭股份有限公司各持股10%。其余9家发起人共持股20%。在蒙华铁路16家发起人中，伊泰集团和蒙泰煤电两家为民营资本，民间资本持股达到了15.5%。

蒙西华中煤运通道建设，是贯彻新的铁路投融资机制的一次重要实践。只有打破铁路投资壁垒，把大量的社会资本吸收进来，才能真正实现铁路建设资金来源多元化。随着铁路建设中引入民间资本，将进一步推动铁路系统政企分开、破除垄断，为更好地发挥政府和市场的作用，促进铁路持续发展创造良好条件。

（二）**推动国有企业完善现代企业制度**。这是增强国有企业活力和竞争力、提高国有经济发展质量和水平的有效途径。当前，我国国有企业存在的弊端主要表现在：企业治理结构还不完善，国资监管机构、董事会、经营管理层、监事会之间的关系没有理顺，政企不分、政资不分的问题依然存在，行业布局不尽合理，部分领域缺乏公平竞争的市场环境。要克服这些弊端，需要进一步深化国有企业改革，健全公司法人治理结构，完善现代企业制度。重点包括：规范国有企业经营决策机制，建立健全以管资本为主的国有资产监管体系，支持有条件的国有企业改组为国有资本投资公司；完善国有资产经营业绩考核评价体系，促进资产保值增值；分类推进垄断行业改革，放宽市场准入，保证各种所有制经济公平参与市场竞争；大力推动国有资本战略性重组，使国有资本更多地投向关系国家安全、国民经济命脉的重要行业和关键领域；深化国有企业劳动、人事、分配制度改革，提高企业效率、增强企业活力；改革国有资本经营预算制度，逐步提高国有资本收益上缴公共财政比例，鼓励引导国有企业履行好应尽的社会责任。

（三）**支持非公有制经济健康发展**。改革开放以来，非公有制经济在我国经济发展中的地位和作用不断增强，非公有制经济发展的政策环境日益改善，但实际经济运行中，阻碍非公有制经济发展的因素依然较多。一些地方、一些行业还存在对非公有制经济的歧视性政策和不合理规定；市场准入方面，"玻璃门""弹簧门""旋转门"现象大量存在；融资方面，非公有制经济尤其是中小企业普遍面临融资难、融资贵的问题。目前，非公有制经济已处在新的发展起点上，支持非公有制经济健康发展，必须大力废除对非公有制经济各种形式的不合理规定，消除各种隐性壁垒，保障非公有制经济与公有制经济权利平等、机会平等、规则平等；同时，鼓励非公有制企业参与国有企业改革，鼓励发展非公有资本控股的混合所有制企业，鼓励有条件的私营企业建立现代企业制度，激发非公有制经济的活力和创造力。

✧ 二、加快完善现代市场体系

建设统一开放、竞争有序的市场体系，是使市场在资源配置中起决定性作用的基础。必须搭建让市场机制充分发挥作用的平台，让企业自主经营、公平竞争，让消费者自由选择、自主消费，让商品和要素自由流动、平等交换。

（一）**建立公平开放透明的市场规则**。这是完善现代市场体系的关键，改革举措主要有两项。一项是实行负面清单准入管理方式。从政府审批制转向负面清单管理，实现市场主体"法无禁止即可为"，在制定负面清单的基础上，让各类市场主体可依法平等进入清单之外的领域。另一项是消除各种政策性市场壁垒。重点是清理和废除妨碍全国统一市场和公平竞争的各种规定和做法，严禁和惩处各类违法实行优惠政策行为，反对地方保护，反对垄断和不正当竞争，提高资源配置效率和公平性。

（二）**完善土地、金融等要素市场体系**。要素市场建设是完善现代市场体系的重点和难点，这里重点强调土地市场和金融市场的改革发展。土地是最重要的生产要素之一，提高土地的配置和利用效率、完善土地收益分配机制是下一步深化土地制度改革的重点，要在符合规划和用途管制的前提下，建立城乡统一的建设用地市场；缩小征地范围，规范征地程序，完善对被征地农民合理、规范、多元保障机制，合理提高个人收益。同时，由于土地又与国家粮食安全问题休戚相关，我国人多地少的基本国情决定了，深化农村土地制度改革、完善土地市场，必须以保障国家粮食安全为前提，稳妥审慎，切不可急功近利、急于求成。

金融是经济的血液。我国金融运行总体是稳健的，但资源配置不合理的问题也比较突出，深化金融体制改革，扩大金融业对内对外开放的任务十分紧迫。一是扩大金融业准入，在加强监管的前提下，允许具备条件的民间资本依法发起设立中小型银行等金融机构。二是放宽金融市场价格管制，完善人民币汇率市场化形成机

金融改革方面

积极创新投融资方式。

《国务院办公厅关于多措并举着力缓解企业融资成本高问题的指导意见》
优化金融机构市场准入，加快推动具备条件的民间资本依法发起设立中小型银行等金融机构。

通过开发性金融支持棚户区改造。

2014年4月2日国务院常务会议
由国家开发银行成立专门机构，实行单独核算，采取市场化方式发行住宅金融专项债券，向邮储等金融机构和其他投资者筹资，鼓励商业银行、社保基金、保险机构等积极参与，重点用于支持棚改及城市基础设施等相关工程建设。

设立铁路发展基金支持中西部铁路建设。

2014年4月2日国务院常务会议
设立铁路发展基金，拓宽建设资金来源。吸引社会资本投入，使基金总规模达到每年2000亿—3000亿元。

调整了商业银行存贷比计算口径，利率汇率市场化、人民币国际化稳步推进，完善资本市场体系方面出台了重要改革措施。

银监会《关于调整商业银行存贷比计算口径的通知》
规定自2014年7月1日起，在计算存贷比分子（贷款）时，从中扣除包括小微企业贷款在内的六类贷款。

（中国政府网制作）

价格改革方面

棉花、大豆目标价格制度开始建立

在市场价格过高时补贴低收入消费者，在市场价格低于目标价格时按差价补贴生产者，保证农民收益。

- 2014年4月5日，发展改革委公布今年棉花目标价格为每吨19800元。5月17日，发展改革委宣布，今年大豆目标价格为每吨4800元。
- 在市场价格过高时补贴低收入消费者，在市场价格低于目标价格时按差价补贴生产者，切实保证农民收益。

海上风力发电上网标杆电价出台实施

发展改革委《关于海上风电上网电价政策的通知》

- 对非招标的海上风电项目，区分潮间带风电和近海风电两种类型确定上网电价。
- 鼓励通过特许权招标等市场竞争方式确定海上风电项目开发业主和上网电价。通过特许权招标确定业主的海上风电项目，其上网电价按照中标价格执行，但不得高于以上规定的同类项目上网电价水平。
- 2017年及以后投运的海上风电项目上网电价，将根据海上风电技术进步和项目建设成本变化，结合特许权招投标情况研究制定。

放开了医保低价药品、民营医疗机构收费等商品和服务价格，医疗产品生产企业积极性提高。

- 2014年4月10日，发展改革委等部门宣布放开非公立医疗机构医疗服务价格。
- 2014年5月8日，我国宣布放开医保目录中低价药品价格（日均使用费西药不超过3元、中药不超过5元的药品），涉及530个品种中的1100多个剂型。

（中国政府网制作）

制，加快推进利率市场化，扩大金融机构自主定价权。三是推动资本市场双向开放，有序提高跨境资本和金融交易可兑换程度，加快实现人民币资本项目可兑换。四是加快多层次资本市场建设，推进股票发行注册制改革，发展并规范债券市场，提高直接融资比重。完善金融市场体系必须把握好两方面要点，一方面要坚持以服务实体经济为根本出发点和落脚点，着力提高金融服务实体经济的能力和效率；另一方面要注重防范金融风险，加强金融监管，坚决守住不发生区域性和系统性金融风险的底线。

（三）**深化价格改革**。改革的方向是完善主要由市场决定价格的机制。目前，我国政府直接定价的主要是极少数商品、资源性产品、公共事业、公益性服务和具有垄断经营特征的商品和服务，下一步，要继续缩小政府定价范围，减少政府定价项目，凡是能由市场形成价格的坚决交给市场，暂时不具备放开条件的，要建立健全全面反映市场供求、资源稀缺程度、生态环境损害成本和修复效益的价格动态调整机制。要加快健全科学合理的价格调控体系，更好地发挥价格杠杆作用，促进资源节约、节能环保，推动经济转型升级和生态文明制度建设。同时，放宽价格管制，也要根据经济运行情况和社会承受能力，有步骤、有顺序地放，处理好价格改革与防通胀、惠民生的关系。

✧　三、加快转变政府职能

处理好政府和市场关系，当前的关键是加快转变政府职能，解决好政府干预过多和监管不到位的问题，提高政府管理效率和水平。

一方面，要进一步简政放权。最大限度减少政府对微观事务的管理，最大限度避免行政手段对资源配置的干预。做到"三个一律"：市场机制能有效调节的经济活动，一律取消审批；直接面向基层、量大面广、由地方管理更方便有效的经济社会事项，一律下放地方和基层管理；除关系国家安全和生态安全、涉及全国重大生产力布局、战略性资源开发和重大公共利益等项目外的企业投资项目，一律由企业依法依规自主决策。

另一方面，把该由政府管理的事项管住管好，推动政府职能向三个方向转变。一是转向监管。简政放权，绝不是一放了之，必须在放权的同时加强市场监管，要放管结合，让政府有更多的精力来完善和创新宏观调控，尤其是加强事中事后的监管。政府的一项重要职责，是为各类市场主体营造公平竞争的发展环境。对一些搞坑

👤 简政放权方面

《国务院关于取消和下放一批行政审批项目的决定》
- 取消和下放**64项**行政审批项目和**18个**子项。

2014年6月4日国务院常务会议
- 取消和下放新一批共**52项**行政审批事项。
- 减少部分职业资格许可和认定。
- 将**36项**工商登记前置审批事项改为后置审批。

2014年3月1日注册资本登记制度改革在全国推开，截至6月底全国新登记注册内资企业同比增长68%，有的省市增长了一倍。

《国务院关于印发注册资本登记制度改革方案的通知》

实行注册资本认缴登记制

改革年度检验验照制度

简化住所（经营场所）登记手续

推行电子营业执照和
全程电子化登记管理

（中国政府网制作）

蒙拐骗、假冒伪劣、侵犯知识产权、蓄意污染环境，违背市场公平竞争原则的行为，那就要严加监管、严厉惩处。二是转向调控。政府要加强发展战略、规划、政策、标准等的制定和实施，保持宏观经济稳定，弥补市场失灵。要健全宏观调控体系，以国家发展战略和规划为导向、以财政政策和货币政策为主要手段，进一步完善宏观调控部门间的定期会商制度，加强财政、金融、土地、环保、贸易等政策手段的协同配合，不断增强宏观调控前瞻性、针对性、协同性。要完善发展成果考核评价体系，重点是纠正单纯以经济增长速度评定政绩的偏向，加大资源消耗、环境损害、生态效益、产能过剩、科技创新、安全生产、新增债务等指标的权重，更加重视劳动就业、居民收入、社会保障、人民健康状况。三是转向保障。要加强和优化公共服务，保障公平竞争，加强社会管理和环境保护，推动可持续发展，促进共同富裕。

◇　四、深化财税体制改革

财税体制改革是全面深化经济体制改革的重点之一。现行财税体制是在 1994 年分税制改革的基础上逐步形成的，对实现政府财力增强和经济快速发展的双赢目标发挥了重要作用。但随着形势发展变化，现行财税体制也存在一些不适应、不完善之处。深化财税体制改革，主要目的是明确事权、改革税制、稳定税负、透明预算、提高效率，加快形成有利于转变经济发展方式、有利于建立公平统一的市场、有利于推进基本公共服务均等化的现代财政制度，形成中央和地方财力与事权相匹配的财税体制，更好发挥中央和地方两个积极性。

（一）建立事权和支出责任相适应的制度。围绕解决中央和地方职责交叉重叠问题，合理划分中央和地方事权，在保持现有中央和地方财力格局总体稳定的前提下，进一步理顺中央和地方收入划分，明确中央和地方按照事权划分相应承担和分担支出责任，适度加强中央事权和支出责任。

（二）改进预算管理制度。根据 2014 年 8 月 31 日十二届全国人大常委会第十次会议颁布修订的新预算法，要完善政府预算体

财税体制改革方面

审议通过深化财税体制改革总体方案。
重点推进3个方面的改革：

改进预算管理制度，加快建立全面规范、公开透明的现代预算制度。

深化税收制度改革，优化税制结构、完善税收功能、稳定宏观税负、推进依法治税。

调整中央和地方政府间财政关系，进一步理顺中央和地方收入划分，合理划分政府间事权和支出责任。

扩大营改增试点促进了服务业的发展，上半年服务业税收增长11.6%，比第二产业高出7.4个百分点。

《国务院关于加快发展生产性服务业 促进产业结构调整升级的指导意见》
尽快将营业税改征增值税试点扩大到服务业全领域。

小型微利企业所得税优惠受益面扩大到**85%**以上。

2014年4月2日国务院常务会议
将小微企业减半征收企业所得税优惠政策实施范围的上限，由年应纳税所得额6万元进一步较大幅度提高，并将政策截止期限延长至2016年年底。

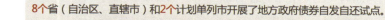

8个省（自治区、直辖市）和**2个**计划单列市开展了地方政府债券自发自还试点。

财政部《2014年地方政府债券自发自还试点办法》
2014年上海、浙江、广东、深圳、江苏、山东、北京、江西、宁夏、青岛试点地方政府债券自发自还。

（中国政府网制作）

系，健全透明预算制度。强化预算公开，扩大预算公开范围，细化公开内容。改进预算控制，建立跨年度预算平衡机制，审核预算重点由平衡状态、赤字规模向支出预算和政策拓展。清理规范重点支出同财政收支增幅或生产总值挂钩事项，一般不采取挂钩方式。建立规范合理的中央和地方政府债务管理及风险预警机制。完善一般性转移支付增长机制，清理、整合、规范专项转移支付项目，推进基本公共服务均等化，坚持厉行节约，硬化预算支出约束。

（三）**深化税收制度改革**。新一轮税制改革总的方向是，优化税制结构，完善税收功能，稳定宏观税负，推进依法治税，充分发挥税收筹集财政收入、调节分配、促进结构优化的职能。具体内容包括：扩大营改增实施范围，适时优化增值税税率；调整消费税征收范围，优化税率结构，改革征收环节；稳步推进资源税改革，落实煤炭、石油、天然气等资源税改革措施；建立环境保护税制度，进一步发挥税收对生态环境保护的促进作用；加快房地产税立法并适时推进改革，促进房地产市场健康发展；逐步建立综合与分类相结合的个人所得税制度。

延伸阅读

营业税改征增值税试点

我国 1979 年引入增值税，最初仅在襄樊、上海、柳州等城市的机器机械等 5 类货物试行。1984 年国务院发布《中华人民共和国增值税条例（草案）》，在全国范围内对机器机械、汽车、钢材等 12 类货物征收增值税。1994 年税制改革，将增值税征税范围扩大到所有货物和加工修理修配劳务，对其他劳务、无形资产和不动产征收营业税。在这种税制结构下，对货物和劳务分别征收增值税和营业税，增值税纳税人外购劳务所负担的营业税、营业税纳税人外购货物所负担的增值税，均不能抵扣。按照党的十八大提出"形成有利于结构优化、社会公平的税收制度"的要求，将营业税改征增值税，不仅是简化流转税税制、消除重复征税、促进工业转型升级和服务业发展的迫切需要，也是推动中小企业尤其是小微企业发展、促进经济持续健康发展的重要举措。

2011年，经国务院批准，财政部、国家税务总局联合下发《营业税改征增值税试点方案》。2012年1月1日，我国在上海市正式启动交通运输业和部分现代服务业营改增试点。自2012年8月1日起至年底，国务院分批扩大营改增试点至北京等10个省市。2013年8月1日起，营改增范围扩大到全国的交通运输业和部分现代服务业，至此营改增实现了在全国推开的目标。国务院总理李克强2013年12月4日主持召开国务院常务会议，决定从2014年1月1日起，将铁路运输和邮电通信等行业纳入营业税改征增值税试点。试点区域由点到面，试点行业由窄到宽，试点户数由少到多，改革正在全面深入推进。

两年多来，营改增试点范围扩至全国，试点行业不断扩大，打通了税款抵扣链条，实现结构性减税的同时，在促进经济结构调整、实现转型升级方面的作用日益凸显。据统计，截至2013年年底，全国272.5万户纳税人纳入营改增试点，其中交通运输业54.8万户，现代服务业217.7万户，全年营改增减税1402亿元，包括试点纳税人因税制转换减税600亿元，非试点纳税人因增加抵扣减税802亿元。据测算，2012年和2013年，仅营改增一项改革就分别拉动上海市现代服务业增加值增长8.72%和2.76%，拉动现代制造业增加值增长8.35%和5.03%。

■ **本章小结** ■……………

全面深化经济体制改革是加快转变经济发展方式的关键。经济体制改革的核心问题是处理好政府和市场的关系，必须更加尊重市场规律，处理好政府和市场关系。要加快完善社会主义市场经济体制，使市场在资源配置中起决定性作用和更好发挥政府作用，完善宏观调控体系，完善开放型经济体系，推动经济更有效率、更加公平、更可持续发展。

名 词 解 释

市场经济：指以市场机制为导向配置社会资源、实现社会生产和再生产的经济形态。市场经济的显著特征，是市场交换规则普遍化，即市场在资源配置中起决定性作用，促进资源配置依据市场规则、市场价格、市场竞争实现效益最大化和效率最大化。

社会主义市场经济体制：这一概念的形成是一个随着改革实践不断深化和升华的过程。党的十二大提出，正确贯彻计划经济为主、市场调节为辅的原则，是经济体制改革中的一个根本性问题，要正确划分指令性计划、指导性计划和市场调节各自的范围和界限。十二届三中全会突破了把计划经济同商品经济对立起来的传统观念，确认我国社会主义经济是公有制基础上的有计划的商品经济，强调改革的基本任务是建立起具有中国特色的、充满生机的社会主义有计划商品经济体制，这一提法为后来社会主义市场经济理论的提出作了铺垫。党的十四大明确提出经济体制改革的目标是建立社会主义市场经济体制，并指出社会主义市场经济体制的本质要求，就是要使市场在社会主义国家宏观调控下对资源配置起基础性作用。党的十四届三中全会勾画出社会主义市场经济体制的基本框架。党的十六大正式宣告社会主义市场经济体制初步建立，并提出到 2020 年建成完善的社会主义市场经济体制的目标，并对建成完善的社会主义市场经济体制作出具体部署。党的十八大明确了全面建成小康社会和全面深化改革开放的目标，对加快完善社会主义市场经济体制作出了全面部署。我国已进入完善社会主义市场经济体制的关键时期，随着改革理论和实践的不断深化，社会主义市场经济体制的内涵、目标和任务也将处于不断丰富和完善之中。

市场准入制度：指国家针对市场主体资格的确立、审核、认可制定和实行的法律制度，是国家对市场经济活动基本的初始的管理制度，主要内容是对进入市场的企业在注册资本、生产规模、技术水平、控制污染和卫生标准等方面规定相应的资格条件和取得资格的程序，并由国家相关部门实施审批手续和登记注册来执行。实行市场准入制度的目的是营造公开、公平、公正的市场竞争环境。

✎ 思 考 题

1. 如何认识全面深化经济体制改革是加快转变经济发展方式的关键？

2. 如何理解市场在资源配置中"基础性"作用到"决定性"作用的转变？

3. 如何全面正确履行政府职能，更好发挥政府作用？

第 四 章

实施创新驱动发展战略

坚持走中国特色自主创新道路、实施创新驱动发展战略，是我们党放眼世界、立足全局、面向未来作出的重大决策。要解决国内发展难题、应对日趋激烈的国际竞争、抓住新一轮科技和产业革命的历史性机遇，我们必须以全球视野谋划和实施创新驱动战略，通过不断提升自主创新能力推动经济发展方式转变，在国际科技和经济竞争中赢得一席之地，实现经济社会持续健康发展。

第一节　创新驱动是加快转变经济发展
方式的重要支撑

科技创新是提高社会生产力和综合国力的战略支撑，是推动发展的不竭动力，必须摆在国家发展全局的核心位置。

◆　一、创新驱动是适应全球新一轮科技和经济竞争的必然要求

实践表明，经济危机往往是技术创新的催化剂，技术创新反过来

又是应对危机的良药。在应对此次国际金融危机的过程中，越来越多的国家认识到，必须塑造更加均衡协调、具有更强劲增长动力和可持续发展能力的经济结构，而科技创新就是形成这种经济结构、推动经济持续健康发展的决定性力量。许多国家都将创新提升到国家发展战略核心层面，作为重点发展和着力投入的焦点领域。主要发达国家纷纷加快发展新兴产业，加速数字技术和制造业的结合，加快再工业化进程，力图抢占未来科技和产业发展制高点。发展中国家也加大科技投入，加速发展具有比较优势的产业和技术，谋求实现跨越式发展。在这样的大背景下，全球已进入空前的创新密集时代，知识创造和技术创新速度明显加快，新科技革命的巨大能量正在不断蓄积。经济全球化与信息化交汇融合、交织影响，国际创新要素流动空前活跃、重组不断加快，以云计算、大数据、智能制造等新技术突破为基础的产业变革呈现加速态势。随着新一轮科技革命与产业变革的加速到来，科技创新与产业变革的深度融合成为当代世界最为突出的特征之一。新科技革命和全球产业变革的新机遇同等地摆在了各国面前，谁能在科技创新方面占据优势，谁就能掌握转型发展的主动权。这既给我国带来了重大机遇，也给我们提出了严峻挑战。我们必须更加自觉地把握机遇、应对挑战，更加主动地落实创新驱动发展战略，以科技创新的新成果为加快转变经济发展方式、调整产业结构、提高社会生产力开辟新的空间，以科技改革发展的新突破实现经济社会发展的新跃升。

❖　二、创新驱动是建设创新型国家、走内生增长 道路的核心要求

建设创新型国家，加快转变经济发展方式，赢得发展先机和主

动权，最根本的是要靠科技的力量，最关键的是要大幅提高自主创新能力。这"两个最"是我国走创新驱动、内生增长之路的核心要求。当前，我国经济总量已跃居世界第二位，但社会生产力水平总体上还不高，发展中不平衡、不协调、不可持续问题依然突出，经济结构问题已经成为一个带有根本性、全局性的问题，特别是随着我国工业化迅速推进，劳动力、原材料和环境保护等成本持续上升，经济社会发展面临的资源能源和生态环境约束压力进一步加大，转方式、调结构的要求十分迫切。经济结构问题又与科技创新的能力、人才队伍的数量和质量密切相关，在经济和产业竞争前移到科技进步和创新能力竞争的背景下，我国保持经济持续健康发展迫切需要依靠创新实现转型发展，需要加快科技改革发展步伐，依靠科技培育新产业、创造新需求、开辟新的经济增长点，依靠科技力量真正完成经济结构的调整和发展方式的转变，提高经济增长质量和效益。

◇　三、创新驱动是中国特色自主创新道路的最新实践

我们党始终高度重视科技进步和创新。从"向科学进军"到"科学技术是第一生产力"，从"科教兴国战略"到"提高自主创新能力、建设创新型国家"，党领导我国科技事业在探索中走出了一条中国特色自主创新道路。新时期坚持走中国特色自主创新道路，就是要在创新驱动发展上迈出新的步伐。当今世界，科学技术创新日新月异，知识创新、制度创新、管理创新成为推动经济社会发展的引领力量，成为有效利用全球资源的核心要素和主要动力，并将成为推动经济社会科学发展的基石。实施创新驱动发展战略，直接关

系我国加快转变经济发展方式、推动科学发展的成效，要顺利实现到 2020 年进入创新型国家行列的战略目标，必须在创新驱动发展上有新的重大作为和重大突破。

第二节　坚持走中国特色自主创新道路

新中国成立后特别是改革开放以来，我国科技事业蓬勃发展，自主创新能力不断提升，科技创新对经济社会发展的支撑作用不断体现。但与新形势新任务新要求相比，创新驱动发展仍然面临一些突出问题，必须坚定不移地走中国特色自主创新道路，着力增强创新驱动发展新动力。

✧　一、科技创新成就显著

这体现在科技创新能力、科技人才队伍、学科体系建设、科技开放合作等多个方面。

（一）自主创新能力不断提升。一是创新资源投入持续增长。近年来，全国研发（R&D）经费年均增长超过 20%，2012 年首次突破 1 万亿元，跻身世界第三，在发展中国家中处于领先地位，2013 年达到 11906 亿元，占国内生产总值的比重为 2.09%，推动了科技事业的快速发展和科技实力的显著提升。二是创新产出大幅增长。2013 年，我国受理境内专利申请 221 万件，其中，发明专利 69.3 万件；境内专利授权 121 万件，其中，发明专利授权 13.8 万件；PCT 国际专利申请量达 2.15 万

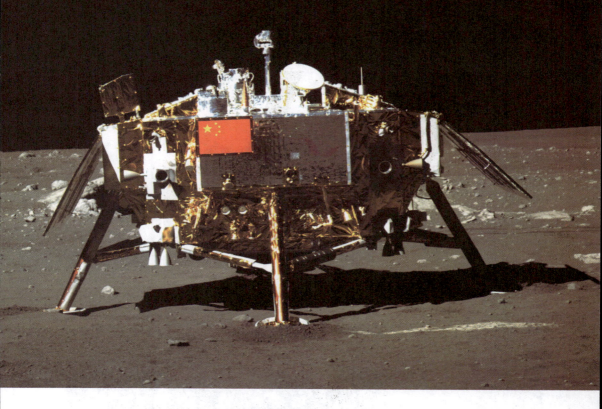

▲ 嫦娥三号：首次集中公布第一月昼期拍摄的照片 　　　　（新华社发）

件，占全球申请总量的比重首次超过 10%，超过德国位居全球第三。截至 2013 年年底，我国境内有效专利数达到 352.5 万件，其中有效发明专利 54.5 万件，每万人口有效发明专利拥有量达到 4.02 件。三是重大自主创新成果显著。近年来，我国在载人航天、探月工程、超级计算机、载人深潜、北斗卫星导航系统、超级杂交水稻、高速铁路、实验快堆、量子通讯、铁基超导、诱导多功能干细胞等领域接连实现重大突破，取得一批代表世界先进水平的标志性成果，彰显了我国自主创新实力的增强。四是科技资源总量快速增加。截至 2013 年年底，我国累计建成国家工程研究中心 132 个、国家工程实验室 143 个，国家认定企业技术中心达到 1002 家。

▲ "蛟龙"号深潜器　　　　　　　　　　　　　　　　　　（新华社发　周文杰／摄）

2000—2013 年中美两国 PCT* 国际专利申请量及占全球比重

年　份	中国 PCT 国际专利申请		美国 PCT 国际专利申请	
	申请量（件）	占全球比（%）	申请量（件）	占全球比（%）
2000	780	0.8	38010	40.8
2001	1729	1.6	43055	39.8
2002	1016	0.9	41319	37.4
2003	1299	1.1	41048	35.6
2004	1707	1.4	43408	35.4
2005	2503	1.8	46883	34.3
2006	3942	2.6	51280	34.3
2007	5455	3.4	54043	33.8

续表

年 份	中国 PCT 国际专利申请		美国 PCT 国际专利申请	
	申请量（件）	占全球比重（%）	申请量（件）	占全球比重（%）
2008	6120	3.7	51643	31.6
2009	7900	5.1	45628	29.4
2010	12296	7.5	45029	27.4
2011	16402	9.0	49060	26.9
2012	18627	9.6	51207	26.3
2013	21516	10.5	57239	27.9

＊注：PCT：Patent Cooperation Treaty，专利合作协定，是专利领域的一项国际合作条约。
数据来源：世界知识产权组织。

（二）**培养了一大批科技人才**。随着科教兴国战略和人才强国战略的深入实施，我国科技人才队伍建设取得重要进展，科技人力资源日益丰富，科技人才素质不断提高，人才结构持续改善。一是以高层次、高技能人才为重点的创新型科技人才队伍快速发展，中青年科技人才已经成为我国科技创新的主力军，科技人员在企业、研究机构和高等院校中的分布逐步趋于合理，留学人员回国创新创业已渐成新潮。据统计，2009—2013 年，我国专业技术人才、高技能人才分别增加 860 万人和 880 万人，全国研发（R&D）人员接近 324.68 万人年，居世界首位。二是造就了一大批科技领军人物和科技管理骨干，推动我国科研能力大幅提升。三是吸引和凝聚了一批海外归国高层次科技人才。据统计，2009—2013 年，我国留学回国人员达到 54 万人，目前，在承担国家重大专项的项目负责人中，1/3 都有海外学习工作经历。

（三）**构建了比较完整的学科体系**。我国十分注重学科体系建设，一方面积极利用"985 计划""211 计划""2011 计划"等国家拨付资金，在研发创新、管理创新、服务创新等学科方向进行引领性的先期投入，建立与之相适应的管理体制及绩效考核机制；另一方面紧密围绕"创新驱动、科学发展"战略，追踪国际学科前沿，设置旨在培养学生综合创新能力和团队素质的课程体系。同时，结合科技领域的重大变化、层出不穷的新理论、新技术和新方法，推动我国新兴学科发展，让传统学科再焕生机。目前，我国已经建立比较完整的现代学科体系，成为世界上为数不多的学科建设较为全面的国家之一。

（四）科技开放合作不断扩大。截至 2014 年上半年，我国与 154 个国家和地区建立了科技合作关系，同其中 97 个国家和地区签订了 107 个政府间科技合作协定。参加了 1000 多个国际科技组织，开展中美创新政策对话，启动中美、中欧创新合作计划，构建了 10 个国际创新园、55 个国际联合研究中心。积极参与 ITER（国际热核聚变实验堆计划）等国际大科学计划，加强应对气候变化国际合作，面向发展中国家实施科技伙伴计划。跨国企业在我国设立研发机构的数量稳步增长，我国企业也加大了海外研发的力度。科技开放合作在我国对外开放和经贸合作中的作用日益突出。

◇ 二、当前我国科技创新存在的突出问题

与发达国家相比，我国自主创新能力还有较大差距，制约科技创新发展的体制机制障碍也不少。

（一）自主创新能力依然不够强。按照世界经济论坛 2014 年发布的《全球竞争力报告》，我国竞争力在全球 49 个主要国家中位

居第 28 位，处于中等偏下水平，与我国经济大国地位不相匹配。在创新和资源利用效率等方面，我国与发达国家有明显差距，每万人中的研发人员数不到发达国家平均水平的 1/4，发明专利拥有量在世界总量中所占比重很低，特别是关键技术的自给率不高，很多关键和核心技术还主要依靠购买，对外技术依存度达到 50%。由于缺乏核心技术，缺少自主知识产权，我国在国际产业分工中处于低端位置，只能靠大量消耗能源资源维持经济增长。尽管我国科技进步对经济增长的贡献率正在逐年提升，但与美国、日本等发达国家高达 70%以上的水平相比，仍存在较大差距。

（二）科技与经济"两张皮"的问题尚未根本解决。目前，我国产学研用结合不够紧密，科技成果向经济成果转化的比例低，企业技术创新主体地位尚未真正确立，企业的原创性科技成果较少，创新体系整体效能亟待提升，科技创新对经济发展的支撑作用受到较大制约。比如，科技投入迅速增长的同时，突破性原创性成果却不多；应用型科技成果产出不少，但整体转化率很低；发明专利数量快速增长，但产业化的却很少；科研奖项很多，但科技成果闲置和科技资源浪费严重；科技人员一定程度上为评职称、评奖项而不是从实际应用角度出发搞科研；等等。

（三）科技体制机制不适应经济社会发展和国际竞争的需要。我国的科研管理体制还不完善，科技资源配置过度行政化与分散重复并存，科技项目及经费管理不尽合理，研发成果转移转化效率不高，科研评价和科技奖励机制不够合理，科研诚信和创新文化建设薄弱，科技人员的积极性、创造性还没有得到充分发挥。

✧ 三、走中国特色自主创新道路的总体考虑

面对日趋激烈的国际科技和经济竞争，我国要加快转变经济发展方式，促进经济持续健康发展，必须坚持走中国特色自主创新道路，大力实施创新驱动发展战略，大幅提升自主创新能力，这是提高经济发展质量效益、提升综合国力的关键。

（一）走中国特色自主创新道路必须立足国情发挥优势。开展自主创新不仅要学习和借鉴国外有益经验，更要从我国实际出发，充分发挥自身优势。一是既要发挥市场配置资源的决定性作用，又要充分发挥我国社会主义制度集中力量办大事的政治优势，使科技创新既服务于国家意志和战略目标，又能够符合市场规律、适应经济发展的需要，在此基础上整合资源、重点突破，实现跨越式发展。二是要充分发挥科技人力资源大国的优势。我国科技人力资源总量居世界第一，丰富的科技人力资源为自主创新提供了雄厚的科研力量和人才储备，是走中国特色自主创新道路的最大潜力和最大优势，要充分发挥科技人才的积极性和创造性，推动我国科技创新事业蓬勃发展。三是要充分发挥比较完善的产业体系和科学技术体系的优势。我国已经形成了产品门类多样、配套能力较强的产业体系，构建了世界上只有少数国家才具备的较完整的学科布局，在基础研究、前沿技术研究、面向市场的应用开发研究、重大科学工程等方面已经有了较强的能力和比较雄厚的基础，充分利用好完整的学科体系和产业体系迸发出来的能量，走中国特色自主创新道路就具备了坚实的基础。四是要充分发挥经济持续发展和市场潜力巨大的优势。我国正处于工业化、信息化、城镇化、农业现代化快速发展时期，"四化同步"发展对科技创新的需求十分强烈，我国

▲ 载人航天：中国人的"太空舞步"

市场空间广阔，科技创新成果应用的潜力巨大，构成了实施创新驱动发展战略的强大引擎。

（二）**坚持把科技创新摆在国家发展全局的核心位置。** 发挥好科技创新的战略支撑作用，实施创新驱动发展战略，促进科技实力提升是全面建成小康社会的前提。必须坚持把科技摆在优先发展的战略位置，不断提升我国科技实力和创新能力，大幅提升科技进步对经济增长的贡献率。要把科技进步与国家发展战略、经济社会发展目标、人民日益增长的物质文化需要紧密结合起来，树立长远眼光，适应新一轮科技革命和产业变革的需要，超前部署，下大力气解决影响我国未来发展的重大科学和关键技术问题，奠定我国从科技大国向科技强国迈进的坚实基础，推动科技实力、经济实力、综合国力实现新的重大跨越。

（三）**切实把握走中国特色自主创新道路的现实路径。** 坚

▲ 超深水海洋钻探平台"希望3号"举行命名仪式　　　　（新华社发　许丛军／摄）

持走中国特色自主创新道路，是新形势下党中央为建设创新型国家，实现全面建成小康社会宏伟目标作出的重大战略决策，核心是增强自主创新能力，真正发挥科技进步和创新对经济社会发展的支撑引领作用。走中国特色自主创新道路，要坚持"自主创新、重点跨越、支撑发展、引领未来"的指导方针，为实现"到2020年进入创新型国家行列"这一奋斗目标，明确任务、突出重点，采取切实有效的措施和路径加以推进。一是把提高自主创新能力作为中心环节，实现创新驱动发展；二是把改善民生、促进社会和谐作为根本出发点和落脚点，使科技创新成果惠及亿万群众；三是以改革开放为动力，加快推进国家创新体系建设；四是营造激励创新的良好环境，建设创新型国家。

第三节 实施创新驱动发展战略的主要任务

实施创新驱动发展战略必须坚持走中国特色自主创新道路，深化科技体制改革，以全球视野谋划和推动创新，提高原始创新、集成创新和引进消化吸收再创新能力，更加注重协同创新，在新一轮国际科技、经济竞争中抢占先机、有所作为，为加快转变经济发展方式、促进经济社会持续健康发展提供有力支撑。

✧ 一、深化科技体制改革，加快建设国家创新体系

（一）*着力强化企业技术创新主体地位*。建立产学研协同创新机制，发挥大型企业创新骨干作用，激发中小企业创新活力，推进应用型技术研发机构改革。一是吸纳企业参与国家科技项目的决策过程，产业目标明确的国家重大科技项目可以考虑由有条件的企业牵头组织实施。二是引导和支持企业加强技术研发能力建设，优先在具备条件的行业骨干企业布局国家工程技术研究中心和实验室。三是引导和鼓励科研院所和高校为企业技术创新提供支持和服务，促进技术、人才等创新要素向企业研发机构流动。四是支持行业骨干企业与科研院所、高校联合组建技术研发平台和产业技术创新战略联盟，合作开展核心关键技术研发和相关基础研究，联合培养人才，共享科研成果。五是鼓励科研院所和高校的科技人员创办科技型企业，促进研发成果转化。

（二）*深化科技管理体制改革*。打破行政主导和部门分割，建立主要由市场决定技术创新项目和经费分配、评价成果的机制。

一是完善科技宏观决策体系，进一步明确国家各类科技计划、专项、基金的定位和支持重点，防止重复部署。二是推进科技项目管理改革，建立健全科技项目决策、执行、评价相对分开、互相监督的运行机制和科技项目公平竞争、信息公开公示制度，探索完善网络申报和视频评审办法，保证科技项目管理的公开公平公正。三是完善科技经费管理制度，健全竞争性经费和稳定支持经费相协调的投入机制，优化基础研究、应用研究、试验发展和成果转化的经费投入结构。四是深化科技评价和奖励制度改革，根据不同类型科技活动特点，注重科技创新质量和实际贡献，制定导向明确、激励约束并重的评价标准和方法；改革完善国家科技奖励制度，建立公开提名、科学评议、实践检验、公信度高的科技奖励机制。

（三）深化高校和科研院所分类改革。进一步提高科研院所和高校服务经济社会发展的能力。加快科研院所和高校科研体制改革和机制创新，按照科研机构分类改革的要求，明确定位，优化布局，稳定规模。公益类科研机构要坚持社会公益服务的方向，探索管办分离，建立健全适应农业、卫生、气象、海洋、环保、水利、国土资源和公共安全等领域特点的科技创新支撑机制。基础研究类科研机构要瞄准科学前沿问题和国家长远战略需求，完善有利于激发创新活力、提升原始创新能力的运行机制。对从事基础研究、前沿技术研究和社会公益研究的科研机构和学科专业，完善以财政投入为主、引导社会各方参与的持续稳定的支持机制。技术开发类科研机构要坚持企业化转制方向，建立市场导向的技术创新机制。

（四）统筹各类创新人才发展。一是深入实施重大人才工程，着力培养世界水平的科学家、科技领军人才、卓越工程师和高水平创新团队。二是大力引进海外优秀人才特别是顶尖人才，支持归国留学人员创新创业。三是加强科研生产一线高层次专业技术人才和高技能人才培养，支持优秀青年科技人才主持科研项目。四是注重在创新实践中培养人才，鼓励大学生自主创新创业，重视工程实用人才、紧缺技能人才和农村实用人才培养。

✧ 二、大力增强自主创新能力，推动科技和经济紧密结合

（一）**强化基础研究、前沿技术研究和社会公益技术研究**。重点在增强前瞻性、提高原始创新能力上下功夫。一方面，优化学科和领域布局，努力在可能出现革命性突破的前沿方向、在关系长远发展的关键领域、在关系国家安全和利益的战略必争领域取得重大创新成果。另一方面，推进学科交叉融合，在新学科的培育中抢抓重大原创性突破的机遇。加强国家（重点）实验室等重大基础研究平台建设。发挥好国家科研院所的骨干和引领作用、高校的基础和生力军作用，引导企业更多关注和投入原始创新。

（二）**着力提高科技成果转化能力**。坚持科技面向经济社会发展的导向，围绕产业链部署创新链，围绕创新链完善资金链，消除科技创新中的"孤岛现象"，破除制约科技成果转移扩散的障碍，提升国家创新体系整体效能。一是坚持目标导向和自由探索相结合，建立健全稳定支持和竞争择优相结合的科研投入机制。二是把实施国家科技重大专项作为促进科技成果转化的重要载体，充分发挥国家科技计划、示范应用工程等的引领带动作用，充分发挥国家自主创新示范区、高新技术产业开发区等的核心载体作用，促进从研究开发到产业化的有机衔接，不断提高科学研究水平和成果转化能力。

（三）建立科技有效支撑产业发展的机制。以高新技术产业、战略性新兴产业需求为导向，突破技术瓶颈，掌握核心关键技术，推动节能环保、新一代信息技术、生物、高端装备制造、新能源、新材料、新能源汽车等产业快速发展，增强市场竞争力。加大对企业主导的新兴产业链扶持力度，支持创新型骨干企业整合创新资源。加强技术集成、工艺创新和商业模式创新，大力拓展国内外市场。

ⓘ_案　例_

北汽集团的自主创新之路

北京汽车集团有限公司（以下简称"北汽集团"）在兼容并进中建立并完善自主创新体系，开启了我国汽车工业合资企业的先河，对我国企业走引进、消化吸收再创新的技术创新路线具有很好的借鉴意义。

一是在自主创新与合资合作中求平衡，增强自身技术创新能力。北汽集团始终坚持加强自主品牌建设，提升自主创新能力，但又不排斥合资合作，并善于将合作的资金、技术、人才等优势反哺企业自主品牌的培育与壮大，增强企业核心竞争力。2009 年，北汽集团耗资 1.97 亿美元，收购萨博汽车相关知识产权，并用两年左右时间，完成对整车以及发动机变速箱等产品的国产化，研发出具备自主知识产权的 M-trix 平台。2012 年，基于萨博技术的首款中高级轿车自主品牌"绅宝"全球首发，2013 年北京汽车绅宝产品正式上市，并在短时间内取得较高销售量，快速步入我国自主品牌 B 级车主流行列。

二是积极推进商业模式创新，迅速扩大品牌影响力。我国汽车行业快速发展，但大部分市场份额被国外品牌占据，为了快速提升自主品牌的竞争力，北汽集团积极推进商业模式创新，充分发挥商业模式创新的"倍增器"作用。比如，创新售后服务模式，成为全国首家实施"三包"政策的汽车企业；再比如，与国美电器、1 号店合作，建立了线上、线下两大销售渠道；又比如，开展"绅宝陆上飞行秀"等一系列跨界营销活动，较好地提升了品牌知名度。

三是储备高质量专利，增强集成创新和再创新能力。据统计，北汽集团通过收购萨博汽车相关知识产权，节省研发经费 15 亿—25 亿元人民币，缩短了至少 5 年的研发周期。这表明，企业在取得自主知识产权的同时，也应该充分重视通过并购途径获得专利技术，自主创新和并购都是获得专利技术的有效渠道。

四是以人才建设为突破，带动企业技术创新能力提升。北汽集团高度重视人才这一战略资源，一直将打造高素质创新人才队伍视为建立健全企业技术创新体系的核心环节和重要突破口。北汽集团与北京理工大学、武汉大学等 13 家高等院校进行合作，培养集团所需专业技能人才；实施"百千万"人才发展战略，目标是培养一百名优秀战略型企业家、一千名创新型科技人才和一万名高技能人才；创造性地采用"外包内做"的模式加强对研发人员培养，即产品开发过程中，聘请外籍专家利用集团的研发资源，带领集团的研发人员共同完成开发过程，从而有效提升集团研发人员的素质和能力。

（四）**大力发展关系民生的科学技术。**加快推进涉及人口健康、食品药品安全、防灾减灾、生态环境和应对气候变化等领域的科技创新，满足保障和改善民生的重大科技需求。加大投入，健全机制，促进公益性民生科技研发和应用推广。加快培育市场主体，完善支持政策，促进民生科技产业发展，使科技创新成果惠及广大人民群众。加强文化科技创新，促进科技与文化融合发展，提高科技对文化事业和文化产业发展的支撑能力。

◇ 三、完善科技创新政策体系，促进创新资源高效配置和综合集成

科技创新离不开良好的政策环境和社会氛围，必须进一步完善鼓励科技创新的政策措施，营造全民创新的社会氛围。

（一）**完善促进科技创新的扶持政策。**一是全面落实支持创新的普惠性财税政策，完善企业研发费用加计扣除政策，探索实行对创新型中小企业研发投入的直接税收补贴，加大企业研发设备加速折旧政策落实力度，引导企业加大创新投入。二是进一步完善政府首购、订购政策，制定支持创新的政府采购规则和程序，探索实施"创新券""约定采购"等政府采购新措施。三是充分发挥财政资金的杠杆作用，建立新兴产业创业投资引导基金，鼓励发展创业投资基金和天使投资，更大力度支持创新型小微企业发展。四是落实并完善金融鼓励创新的政策，加快发展多层次资本市场体系，推

进知识、技术等要素交易市场建设，为创新型企业搭建融资渠道和平台。

（二）**深入实施知识产权战略**。一是完善实施知识产权战略的体制环境，构建知识产权创造、应用、保护体系，健全技术创新激励机制，引导和支持重点领域形成重大专利和标准。二是支持知识产权服务市场化、社会化和专业化发展，培育发展专业化的知识产权管理和运营机构，为知识产权维权和运用提供有力支撑。三是加大知识产权保护的法律保障、司法审判和行政执法力度，探索建立知识产权法院，加强对涉及专利权、商标权、著作权等知识产权类民事、刑事和行政案件的审理，加大对反复侵权、群体性侵权的惩罚力度，依法提高司法赔判额，实施侵犯知识产权的惩罚性赔偿制度，从根本上改变目前侵权易、维权难的状况。

（三）**营造鼓励创新的社会文化**。积极构建关注创新、鼓励创新、宽容创新失败的评价机制，倡导创新光荣，鼓励独立思考，尊重创新人才，褒奖创新成果，营造让创业者乐于投身实业、勇于开拓创新的社会环境和价值取向，厚植创新文化土壤。

（四）**扩大科技开放合作**。一是加强国际先进技术和人才引进。抓住国际科技资源加快流动和重组的机遇，在开放合作中提高我国产业技术水平和科技实力。统筹实施"千人计划"等引才引智计划，在前沿技术和新兴产业领域建设一批海外高层次人才创新创业基地，为引进的世界科技发展前沿战略科学家、学术带头人和优秀创新团队提供研发条件保障。推荐优秀科学家参与国际科技组织和重大国际科技合作计划并担任重要职务，增强我国科技创新领军人才运用国内外科技资源的能力。二是开展多种形式的国际科技交流合作。全面加强多层次、多领域、多形式国际科技合作，与各国共享科技创新机遇。注重围绕国家战略需求参与国际大科学计划和大科学工程，支持我国科学家发起和组织国际科技合作计划，支持我国企业和科研机构到海外建立研发机构，鼓励国际学术组织、跨国公司等来华设立研发机构。与各国加强在能源资源、粮食安全、人口健康、气候变化等全球性问题上的科技合作，共同应对人类面临的共同挑战。

■ 本章小结 ■···············

创新驱动是加快转变经济发展方式的重要支撑。本章深入分析了科技创新是提高社会生产力和综合国力的战略支撑，总结了我国在科技创新领域取得的成就以及存在的问题，论述了必须把科技创新摆在国家发展全局的核心位置，坚持走中国特色自主创新道路。同时，提出了实施创新驱动发展战略的主要任务和具体措施。

名 词 解 释

自主创新：指通过拥有自主知识产权的独特的核心技术以及在此基础上实现新产品的价值的过程。自主创新包括原始创新、集成创新和引进消化吸收再创新三种形式。

原始创新：指前所未有的重大科学发现、技术发明、原理性主导技术等创新成果。原始创新意味着在研究开发方面，特别是在基础研究和高技术研究领域取得独有的发现或发明。原始创新是最根本的创新，是最能体现智慧的创新，是一个民族对人类文明进步作出贡献的重要体现。

集成创新：指利用各种信息技术、管理技术与工具等，对各个创新要素和创新内容进行选择、集成和优化，形成优势互补的有机整体的动态创新过程。集成创新的主体是企业，目的是有效集成各种要素，在主动寻求最佳匹配要素的优化组合中产生"1+1>2"的集成效应。

引进消化吸收再创新：指利用各种引进的技术资源，在消化吸收基础上完成重大创新。引进消化吸收再创新往往是产品价值链某个或者某些重要环节的创新，是各国尤其是发展中国家普遍采取的创新形式。

协同创新：以知识增值为核心，通过国家意志的引导和相关机制的安排，企业、政府、大学、研究机构和中介机构等各方相互协作，发挥各自优势、整合互补性资源，为实现重大科技创新、加速技术推广应用和产业化而开展的大跨度整合的创新组织模式。

国家创新体系：指以政府为主导、充分发挥市场配置资源的决定性作用、各类科技创新主体紧密联系和有效互动的社会系统。

思 考 题

1. 如何理解必须把科技创新摆在国家发展全局的核心位置？

2. 实施创新驱动发展战略的主要任务有哪些？

第 五 章

积极扩大国内有效需求

推进经济结构战略性调整，是加快转变经济发展方式的主攻方向。经济结构战略性调整包括改善需求结构、优化产业结构、促进区域协调发展和推进城镇化等重点任务，本章将集中论述改善需求结构。需求结构是重要的经济结构。社会总需求由投资需求、消费需求和出口需求三大部分组成，其中，投资需求与消费需求合称内需，出口需求称为外需。当前我国最大的结构调整就是扩大内需，要在处理好扩大内需与稳定外需关系、增加投资与扩大消费关系的前提下，着力扩大居民消费需求，构建扩大内需长效机制，促进经济增长向依靠消费、投资、出口协调拉动转变。

第一节　扩大内需是加快转变经济
发展方式的战略选择

20 世纪 90 年代后期，我国首次提出实施扩大国内需求的战略方针，成功应对了亚洲金融危机冲击、有效需求不足导致的经济下滑和通货紧缩趋势。2008 年，为应对国际金融危机，我国坚持立足扩大内需、保持经济平稳较快发展，有效遏制了经济下滑态势，在全球率先实现经济形势总体回升向好。应对 1997 年亚洲金融危机和 2008 年国际金融危机严重冲击的成功实践充分证明，扩大内需是我国经济持续健康发展的基本立足点，是我国应当坚持实施的长期战略方针。

◇ 一、扩大内需是我国经济发展的基本立足点

把扩大内需作为我国经济发展的基本立足点和长期战略方针，是由我国基本国情决定的。我国是拥有 13 亿人口的最大的发展中国家，正处于工业化、城镇化快速发展阶段，基础设施亟待加强，科技进步亟待加快，人民生活亟待进一步改善，扩大内需有着巨大的空间和潜力。尤其是处于消费升级过程中的广大城镇中等收入家庭，以及急需开拓的农村市场，为我国经济持续增长打开了广阔的天地。坚持扩大国内需求，努力开拓国内市场，既是加快经济建设和改善人民生活的需要，又是我国经济发展的优势所在。实践证明，只有牢牢把握扩大内需这一战略基点，才能使我国经济发展拥有广阔空间。

（一）扩大内需是抵御国际经济风险的重大战略决策。1998年年初，面对亚洲金融危机的冲击，党中央国务院作出了扩大内需、加强基础设施建设的重大决策。一是扩大投资规模，拓宽投资领域。将全社会固定资产投资增幅由原来的10%调整到15%以上，加大对农林水利、铁路、公路、通信、环保、城市基础设施建设的投入，集中力量对粮库、农村和城市电网、城市经济适用住房和生态环境建设增加投资。二是实施积极的财政货币政策，国务院增发 1000 亿

元财政债券，重点用于增加基础设施建设投入。三是积极开拓消费市场，通过调整收入分配结构，提高城乡居民购买力，深度开发服务消费市场，提高居民消费水平和质量。四是努力扩大外贸出口，实施降低存贷款利率，提高出口退税率等政策措施。扩大内需各项政策措施的落实，为我国经济持续稳定增长争取了较大的回旋余地，减少了对外部经济的依赖，增强了抵御国际经济风险的能力。尽管亚洲金融危机影响日益加深并遭受严重洪涝灾害，我国经济依然保持了较快的增长速度。扩大内需政策成为保持经济快速增长的重要政策，也是今后一个时期必须坚持的正确方针。

（二）扩大内需是保持经济持续健康发展的重大战略抉择。改革开放以来，内需始终是推动我国经济增长的重要力量。进入新世纪后，我国抓住加入世界贸易组织的机遇，积极参与经济全球化，对外贸易迅速发展，净出口占国内生产总值的比重不断提高。2001—2008 年，我国净出口率由 2.1% 提高到 7.9%，外贸依存度由 38.5% 提高到 59.8%。国际上用外贸依存度来衡量一国经济

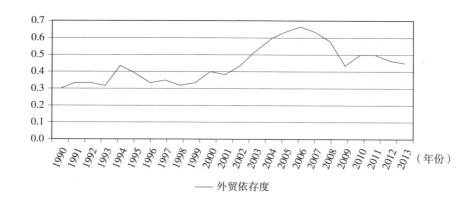

1990—2013 年我国外贸依存度情况

数据来源：国家统计局。

对外国的依赖程度。发达国家可贸易程度较小的第三产业占有较高比重，外贸依存度平均在 25% 左右。而我国的外贸依存度近十余年来一直在 50% 左右，远高于发达国家，内外需发展不平衡的矛盾逐渐显现。

外贸依存度过高，使我国经济过度依赖国际市场。当世界经济处于上升期，外部需求旺盛，可拉动国内经济快速增长。当世界经济处于下降通道，外部需求大幅萎缩时，就会造成总供给和总需求严重失衡，国内生产能力过剩，进而产生连锁反应，影响国内相关产业的发展，最终导致国内经济增速骤降。2008 年第四季度以后，受国际金融危机爆发的影响，我国经济发展面临的外部环境发生重大变化，国际市场对我国产品的需求急剧萎缩，经济运行面临下行压力，过度依赖外需的风险明显暴露。随着国际金融危机的深度蔓延和深层次影响，国际市场持续低迷，全球贸易环境恶化，世界经济复苏艰难，各种形式的贸易保护主义抬头，贸易摩擦进入高峰期。在这种情况下，党中央、国务院明确提出坚持把扩大内需特别是消费需求作为应对国际金融危机的基本立足点，2008 年第四季度，中央出台了到 2010 年年底投资额达 4 万亿元的扩大内需、促进增长的政策措施，实施积极的财政政策和适度宽松的货币政策。2009 年，外需对经济增长的贡献陡降为 −44.8%，而内需的贡献高达 144.8%。可以看出，在出现严重外部冲击的异常时期，扩大内需对拉动经济增长作出了举足轻重的贡献。

实践证明，立足扩大内需是牢牢把握经济发展主动权的需要。无论是 1997 年亚洲金融危机，还是 2008 年国际金融危机，我国之所以能够成功抵御外部冲击，保持经济平稳较快发展，靠的都是扩大内需。当前，国际金融危机的深层次影响尚未根本消除，世界经济继续呈缓慢复苏态势，低速增长态势仍将延续，主要经济体总需求仍较疲弱，各种形式的保护主义明显抬头，我国出口面临的形势依然严峻，外需在短期内难以出现明显改观。在这种情况下，为防范国际经济形势不确定因素可能带来的新冲击，保持经济持续健康发展，扩大内需仍是最现实、最有效的选择。

✧ 二、扩大国内有效需求是加快转变经济发展方式的重要抓手

投资需求、消费需求是社会总需求最主要的部分，投资与消费是国民收入分配与使用中最重要的两个变量，两者的比例关系是国民经济和社会发展的重大比例关系，其比例状况直接关系到社会再生产的各个环节，影响整个经济运行和发展。长期以来，我国有效需求不足特别是消费需求不足，内需主要依赖投资，投资率偏高，消费率偏低，这种状况对经济持续健康发展、产业结构优化升级、人民生活质量改善、国家竞争力的提升产生了明显影响。把扩大内需特别是消费需求作为经济发展的基本立足点，不仅是应对世界经济增长减缓、外需不确定因素多的现实需要，也是加快转变经济发展方式的内在要求。

（一）投资消费结构失衡严重制约经济持续健康发展，必须加快转变经济发展方式。与世界其他国家相比，我国的消费率明显偏低，经济增长过度依赖投资拉动。世界各国平均投资率在22%左右，消费率在78%左右。其中，高收入国家投资率均值为20%，消费率均值为80%；中上收入国家投资率均值为22%，消费率均值为75%；中低收入国家投资率均值为31%，消费率均值

为 66%；低收入国家投资率均值为 29%，消费率均值为 75%。我国投资率比世界平均水平偏高约 20 个百分点，比中上收入国家平均水平偏高约 20 个百分点；消费率比世界平均水平偏低 20 多个百分点，比中上收入国家平均水平偏低约 20 个百分点。可见，我国消费潜力巨大，但支撑发展的基础作用还没有得到有效发挥，消费率、消费贡献率不断降低和投资率、投资贡献率不断提高的增长格局没有发生改变，消费需求对经济增长的带动作用依然小于投资。消费需求是最终需求，投资需求在很大程度上是由消费需求所决定的，缺乏足够的有效消费需求支撑的投资容易造成部分行业产能过剩、资源环境压力过大等问题，甚至可能引发或加剧经济的周期性波动。从这个意义上讲，传统经济发展模式已难以为继，加快转变经济发展方式势在必行。

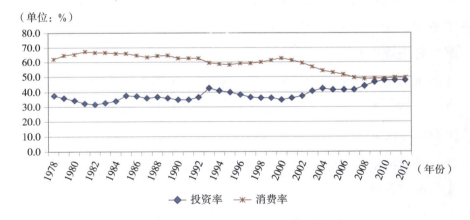

（单位：%）

1978—2012 年我国投资率与消费率变动情况

数据来源：国家统计局。

（二）扩大国内需求既包括扩大内需规模也包括推进结构优化，是转变发展方式的重要着力点。从扩大规模来看，随着我国工业化、城镇化、信息化、农业现代化的快速推进，13多亿人口不断改善生活质量形成的消费需求，可以为我国经济发展提供庞大的消费市场和持久而强大的拉动力。特别是新型城镇化的推进，为住房、家电、汽车等行业和城市基础设施建设等领域的发展创造了庞大的市场空间，无论是产业升级，还是投资消费扩张，都蕴藏着巨大的发展潜力。从结构优化来看，一方面，服务业发展滞后，是我国经济社会发展的一块"短板"。无论是生产性服务业还是生活性服务业，在我国都有着旺盛的市场需求，发展潜力巨大。促进服务业加快发展，是产业结构调整的重点所在，也是适应消费结构不断升级的需要。改革开放以来，随着我国经济社会的发展进步，人民收入水平的提高，消费结构也不断升级，而消费结构的升级势必会对相关产业发展、投资方向产生重要的导向作用，从而推动产业结构和投资结构优化。另一方面，在世界经济低迷、外部需求萎缩、国内产能严重过剩的情况下，市场约束增强形成倒逼机制，对企业进行产品结构调整、技术升级和兼并重组形成了强大的外部压力，有利于淘汰落后产能，有利于促进企业开展技术改造和自主创新，也有利于实现产业组织结构的优化。因此，充分利用居民消费升级和市场倒逼机制，大力推进经济结构战略性调整，使经济发展更多依靠内需特别是消费需求拉动，是加快转变经济发展方式的现实选择。

（三）扩大内需是加快转变经济发展方式的重要任务，必须充分发挥消费的基础作用、投资的关键作用。投资需求既是当期需求，又是下期供给，能够在短期内迅速拉动经济增长，其持续增长取决于消费需求的增长；消费需求是最终需求，对投资需求的持续增长和国民经济的持续发展起决定性作用，对经济增长的拉动作用更有力更持久，从长远来讲，促进经济增长还是要靠消费特别是居民消费。转方式、调结构，很重要的举措就是要调整和改善需求结构。从优化投资结构看，我国在医疗、教育、住房等民生和社会事业领域，还存在不少历史欠账。通过调整投资结构特别是政府资金投向，把资金投向改善民生、发展社会事业领域，向经济社会发展的薄弱领域和关键环节倾斜，加大对就业、社保、教育、卫生、文化、旅游等方面的基础设施建设的支持力度，既可以有效拉动经济增长，提高劳动者的就业能力和收入水平，又可以解除居民消费的后顾之忧，进一步提升居民消费能力，改善居民生活质量。从扩大消费来看，我国居民的消费潜力很大。我国是世界上储蓄率很高的国家，目前国民储蓄率超过 50%，进一步扩大消费具有巨大市场潜力和发展空间。但受收入分配、社会保障等方面的制约，城乡居民有效消费能力有限。扩大国内需求特别是居民消费需求，要以提高居民收入水平和扩大最终消费需求为重点，通过大力调整国民收入分配格局，健全社会保障体系，消除制约消费的制度和政策障碍，支持能够扩大最终消费需求、带动中间需求的项目，大力促进农民消费，稳定住房消费和汽车消费，着力发展服务消费和旅游消费，不断增强最终消费能力，进而促进投资的可持续增长和整个经济持续健康发展。

第二节　积极扩大国内需求的现实路径

国内外实践经验表明，作为一个大国，保持经济稳定发展，必须以内需为主导，内需对经济发展具有持久的支撑作用。必须牢牢把握扩大内需这一战略基点，加快建立扩大消费需求长效机制，释放居民消费潜力，保持投资合理增长，扩大国内市场规模，形成消费、投资、出口协调拉动经济增长的局面。

◇ 一、扩大国内有效需求的基本思路

（一）把促进经济增长的基本立足点放在扩大国内需求上，加快发展方式转变和结构调整。当前和今后一个时期，要充分利用全球经济结构调整的时机，加快形成主要依靠内需特别是消费需求拉动经济增长的格局。在通过扩大内需保持经济平稳较快增长的同时，应当更加重视加快发展方式转变和结构调整，这是提高我国经济整体竞争力和可持续发展能力的根本举措。

（二）把扩大投资与促进消费结合起来，进一步激活国内市场潜力。消费是拉动经济增长的最终动力。消费需求是社会再生产的终点和新的起点，只有扩大消费需求，才能从根本上促进生产规模的扩大，保证增加的投资取得预期效益，为扩大内需和经济增长提供持久的动力。要采取有效措施，引导消费特别是居民消费较快增长，充分发挥消费对经济增长的拉动作用。

（三）构建扩大国内有效需求的长效机制，为扩大内需营造良好的政策环境。我国正处于深化改革开放、加快转变经济发展方式的攻坚阶段。构建扩大内需长效机制，充分挖掘内需潜力，一方面要把扩大消费需求作为扩大内需的战略重点，积极稳妥推进城镇化，深化收入分配、财税金融等领域体制改革，健全基本公共服务体系，营造良好的消费环境，进一步增强和释放居民消费能力；另一方面要充分重视投资对扩大内需的重要作用，以优化投资

结构、提高投资质量效益为重点，继续改革完善投资体制，积极寻求投资与消费的结合点，促进投资与消费良性互动，努力实现增投资、扩消费、惠民生一举多得。

（四）把扩大内需与稳定外需有机结合起来，充分利用好国际国内两个市场、两种资源。扩大内需并非压缩外需，而是在稳定和拓展外需的同时，着力增强内需特别是居民消费需求对经济增长的持续拉动作用。我国的扩大内需，是在开放条件下的扩大内需，而不是自求平衡；稳定和拓展外需，是建立在转变外贸增长方式基础上的稳定和拓展外需，而不是单纯扩大出口规模。我们在保持对外贸易大国地位的同时，还应逐步扮演好对外投资大国的新角色，进一步充分利用好国际国内两个市场、两种资源。要统筹国内国际两个大局，统筹国内发展和对外开放，既要充分发挥比较优势，保持并增加我国在国际市场上的份额，更要充分发挥内需潜力巨大的优势，把经济增长建立在稳固的内需基础上。

✧ 二、扩大国内有效需求的主要着力点

当前，全球经济环境依然错综复杂，必须立足自身，更加注重在扩大内需上下功夫，以实施国家新型城镇化规划为契机，从经济结构转型升级和促进消费持续健康发展着手，把投资与消费更好地结合起来，继续增强消费对经济增长的基础作用，发挥好投资对经济增长的关键作用，形成投资与消费的双重拉动。

（一）继续增强消费对经济增长的基础作用。这是扩大内需的战略重点，也是扩大内需的攻坚难点。当前要以挖掘居民消费潜力为核心，多方施策，多措并举，鼓励和引导居民消费。

一是提升消费能力。实施更加积极的就业政策，鼓励群众就业创业，千方百计增加就业，为劳动者收入增加、居民扩大消费创造良好的前提条件。深化收入分配制度改革，调整国民收入分配格局，逐步理顺收入分配关系，在初次分配中，合理提高劳动者报酬，发挥好再分配的调节作用，努力实现居民收入增长和经济发展同步、劳动报酬增长和劳动生产率提高同步，多渠道增加低收入者收入，提高中等收入者比重。健全社会保障体系，扩大养老、医疗、失业等保障覆盖面，提高保障水平，推进基本公共服务均等化，构筑社会保障安全网，为居民消费解除后顾之忧。

二是完善消费政策。当前培育新的消费增长点，关键是要做到长期政策和短期政策相结合、政府支持和市场引导相结合，既要着力完善鼓励合理消费、可持续消费和保障消费者权益的体制机制，又要顺应消费升级规律，抓住重点领域，制定有针对性的鼓励消费的政策措施；既要发挥市场对消费需求和供给的引导作用，又要通过政策主动引导消费者和企业行为，形成鼓励消费的政策体系。在总结家电下乡、建材下乡、节能产品惠民等鼓励消费政策经验的基础上，进一步完善鼓励居民合理消费的财税、信贷等政策。支持社会力量兴办各类服务机构，重点发展养老、健康、旅游、文化等服务，落实带薪休假制度。

三是优化消费环境。支持消费金融创新，积极稳妥地推动消费信贷、家庭理财、投资咨询等新兴消费金融发展，构建信用消费体系。深化流通体制改革，消除地区封锁和行业垄断，破除阻碍全国市场流通的体制机制，降低流通环节费用及成本，不断提高居民消费的便利性。加强商贸流通、宽带网络等消费基础设施建设，鼓励发展电子商务、网络购物等新型消费业态，促进物流配送、快递业和网络购物发展，充分释放消费潜力。健全城乡消费市场监管体制，加强关键商品流通准入管理，健全流通追溯体系和有效维护消费者权益的组织体系，加快社会信用体系建设，保证广大消费者能够放心消费、安全消费。

（二）**发挥投资对经济增长的关键作用**。消费是个慢变量，扩大消费需要一个过程。在这种情况下，当前和今后一个时期保持一定的投资规模，对于促进经济增长的作用不可低估。我国既有投资能力，又有投资需求，但如果投资率过高各方面条件将难以承受。发挥好投资的关键作用，关键在于提高投资的质量和效益。

一是优化投资结构。着力选准投资方向，在打基础、利长远、惠民生又不会造成重复建设的基础设施和公共服务领域加大投资力度。政府投资主要投向保障性安居工程和城镇基础设施、"三农"、交通能源等重大基础设施、社会事业和社会管理、节能减排和生态环保、自主创新和结构调整、欠发达地区等领域。对企业投资方向要有保有压，严格执行投资项目用地、节能、环保、安全生产等准入标准，通过产业政策引导投资进一步向民生和社会事业、农业农村、科技创新、生态环保、资源节约等领域倾斜，向中西部地区倾斜，并继续严格控制"两高"和产能过剩行业盲目扩张。

二是发挥好政府投资的导向作用。应对国际金融危机的实践充分证明，方向正确的投资见效快、关联度大，对经济增长具有明显的拉动作用。要明确界定政府投资范围，加强和规范地方政府融资平台管理，防范投资风险。完善国有资产管理体制，规范国有企业投资行为，提高投资的经济社会效益。

三是进一步鼓励扩大民间投资。切实落实鼓励引导民间投资的"新36条"及42项实施细则，进一步放宽民间投资市场准入，加大对民间资本参与基础设施和社会事业领域建设的支持力度，加快铁路、电力、市政、电信、金融、文化、卫生、教育等领域的体制改革创新，积极吸引社会资本更多参与重点项目建设。在鼓励民间资本参与这些领域投资建设的同时，适度放宽对民间资本经营权的限制，切实提高民间资本的积极性。

第三节　积极培育发展新的消费增长点

消费需求是最终需求。无论是从应对各种风险挑战的实际需要看，还是从长远发展的根本目的看，都必须把消费作为扩大内需的主要着力点。近年来，国家在促进信息消费、旅游消费、养老和健康消费、绿色环保产品消费等方面，出台了一系列鼓励政策，要围绕贯彻落实已出台的政策措施，着力培育新的消费增长点，努力把潜在的消费需求转化为现实的消费需求。

◇　一、引导推广绿色消费

绿色消费是一种新型消费模式，有利于促进资源节约，减少浪费、形成健康、文明的生活方式。绿色消费在我国起步相对较晚，绿色产业发展滞后，绿色产品价格高，认证检测体系还不健全。随着人们的健康、环保意识的增强，绿色低碳将引发新一轮消费潮流。引导推广绿色消费的措施主要有：一是在以旧换新、惠民补贴等政策基础上，尽快实施新一轮环保产品和可再生产品消费推广工程，研究制定家电、汽车、家具、电子通讯器材有偿回收政策，制定强制性回收产品目录。二是对绿色产品生产企业或消费者实行税收、利率优惠或补贴政策，设立绿色产业发展专项基金，扩大绿色消费信贷品种和规模，建立政府绿色采购责任制。三是加强绿色产品标准制定和认证管理，健全包括有机绿色食品、环境标志产品、绿色采购、绿色建筑节能设计等在内的绿色产品标准体系，逐步实现与国际接轨。明确专门管理部门和认证机构，完善绿色产品动态审查和淘汰机制。四是实行绿色产品质量信息定期发布制度，建立全国联网的商品质量检测和监督网络。

◇　二、大力拓展服务消费

随着我国城镇化进程的加快、第三产业的发展壮大、居民生活质量的提高，文化、娱乐、休闲、旅游等服务消费需求得到释放。但我国服务消费也存在公共服务供给不足、社会化服务体系不健全、从业人员素质亟待提升等问题。拓展服务消费要抓好三个环节：一是拓展公共服务供给渠道。实施鼓励社会资本进入养老、教育、医疗等领域的政策，通过降低准入、税收减免、投资贴息等加大支持力度，增强多层次供给能力。区分公益性和竞争性公共服务，实行不同的运行模式和经营管理方式，提高服务供给质量和效率。清理并取消社会力量举办或参与公共服务的歧视性规定。二是鼓励社区消费发展。支持大城市建设社区生活综合服务中心，发展大众化餐饮，推进家政服务体系建设。对城镇老居民区进行商业网点改造和补充，支持连锁超市、便利店、专卖店等新型业态进入社区。完善农村商品流通体系。三是提高家政服务等从业人员素质。加强专业化技能、规范化服务培训。制定全国统一的各类服务业技

▲ "医养结合"养老模式已成为养老产业发展的趋势，图为青岛某老年护理院大厅

（新华社发　李紫恒／摄）

术标准和行业规范。

◆〉**知识链接**〉•

养老服务业

　　我国人口老龄化进入了快速发展阶段。根据中国社科院发布的《社会蓝皮书：2013 年中国社会形势分析与预测》，2013 年我国 60 岁及以上老年人口达到 2 亿人。据权威部门测算，这个数字到 2025 年将突破 3 亿人。在人口老化速度逐渐加快的过程中，整个社会高度关注退休与养老问题，但从总体上看，我国养老服务业还处于发展初期，养老服务和产品供给不足的问题十分

突出。

包括养老服务业、医药医疗、健康保健、健身养生在内的整个中国健康服务业发展空间和潜力都很大，既是满足老年人需求的必要举措，同时也是扩大内需、促进经济社会持续发展的重要抓手。首先，养老服务成为经济社会生活中较为突出的问题，满足亿万城乡居民不同层次的养老等健康服务需求将孕育巨大的国内需求市场，符合内需驱动的经济和社会发展战略。其次，养老服务业是现代服务业的重要内容，它是劳动密集型行业，不需要消耗大量的能源资源，其健康发展有利于我国产业结构的优化。此外，将健康服务业列为发展重点，体现了调整经济结构的思路。政府应发挥主导作用，更多运用市场化手段，促进包括高端医疗、康复体检以及健康咨询等新兴的服务业态发展，从而拉动经济增长。

养老服务业一直是我国公共服务中较为薄弱的环节。目前我国服务业占比低于同等发展中国家十余个百分点，公共服务供给严重不足的现状亟待改变。养老服务属于基本公共服务范畴，需要政府加大投入，加强管理，提供质优价廉的健康服务。下一步，应尽快建立完善扶持养老服务业发展的政策体系，加强规范和引导，通过制定行业标准，加强监督，确保提供安全和优质的服务；鼓励社会资本乃至外资进入，为城乡居民提供多层次的服务产品，积极向社会力量购买养老服务和推动公办养老机构改革；加强对养老服务业的扶持，在金融和土地等方面提供必要的优惠。

✧ **三、规范发展信息消费**

　　近年来，随着互联网、大数据等新兴信息技术的突破创新和广泛应用，以智能终端、移动互联网为代表的信息消费快速增长。特别是"宽带中国"战略的实施、4G网络的提速，以及智能手机、智能电视等移动互联网终端的普及，为我国信息消费加速发展创造了条件。但也要看到，我国信息消费存在成本偏高、监管缺失、立法滞后、安全隐患突出等问题。规范发展信息消费，一是深入实施并完善"宽带中国"战略和"信息惠民"工程，加快发展第四代移动通信，推进城市百兆光纤工程和宽带乡村工程，大幅提高互联网网速，在全国推行"三网融合"，鼓励电子商务创新发展。结合各地区、各行业实际，有序推进信息产业与交通、旅游、就业、医疗

▲ 在沈阳一家移动通讯营业厅内，消费者在体验 4G 手机　　　（新华社发　张文魁/摄）

等消费领域的融合互通。二是通过税收优惠、财政补贴等措施，加大对农村居民、中小企业信息消费的支持，进一步降低具有公共服务性质的信息产品和服务资费。三是制定互联网信息安全和个人信息保护法，分类明确信息产品和服务的安全、隐私审查标准，提高违法违规成本。

 知识链接

信 息 消 费

　　十多年前，手机、电脑是经济条件优越的象征，上网是一种时髦；如今，随着智能手机、平板电脑等移动终端的迅速发展，上网成为一种生活必需。全球范围内信息技术创新不断加快，信息领域的新产品、新服务、新业态大量涌现，不断激发新的消费需求，不仅成为日益活跃的消费热点，更成为各国经济竞争的重要高地。国务院发布的《关于促进信息消费扩大内需的若干意见》提出了促进信息消费的主要任务，并明确了相关支持政策，信息消费产业有望再次驶入快车道。

　　信息消费战略何以纳入国家行动，作为扩大内需的重点？其一，信息消费是经济增长的"倍增器"。据有关测算，信息消费每增加 100 亿元，将带动国民经济增长 338 亿元。信息产业在面向消费市场时，对创造和培育消费需求有巨大的拉动力，带来的消费需求裂变是几何级的。信息消费不仅可以促进消费升级，释放市场潜力，其配套设施的建设又能带动有效投资。数据显示，2012 年我国信息消费市场规模达 1.7 万亿元，带动相关行业新增产出近 9300 亿元。其二，信息消费是发展方式的"转换器"。在以信息经济为主导的新经济时代，发展方式正在发生根本性的转变，经济增长的主导因素是高科技知识，知识成为提高生产率和实现经济增长的驱动器，而信息是知识的来源，信息化加速了信息向知识的转化过程。人类将不再依靠对大自然的掠夺来增加财富，而是依靠科技的进步、知识的创新来推动经济增长，提高生活质量。此外，信息消费是产业升级的"助推器"。在当前外需不振、投资拉动副作用增大的形势下，信息消费将对促进产业转型、结构升级产生巨大作用。信息消费已经或正在主动地优化和调整我国服务性产业与传统制造业的结构，并为新产业形态和价值形态的萌发创造条件。

当前，信息消费的优化空间依然较大，应进一步完善促进信息消费增长的政策；加快完善网络基础设施建设，鼓励运营商加快宽带硬件基础设施建设，提高信息化应用开发水平；推动信息产业技术创新，抓住信息消费升级机遇，积极拓展居民信息消费市场空间。应加强网络信息市场监管力度，为居民信息消费提供安全、健康的市场环境。

✧ 四、支持电子商务等消费模式创新

随着互联网、移动通讯、物流配送体系快速发展，支付宝、微信等支付手段更加灵活、便利，网络消费逐渐被各年龄段消费者接

受，呈现快速发展态势。2013 年我国国内网络零售交易额超过 1.8
万亿元，首次超越美国成为世界第一大网络零售国。但也要看到，
我国消费基础设施和信用环境有待改进，个人征信体系不完善，第
三方支付平台尚不规范，现代化、社会化物流体系还未建立。支持
网络消费等消费模式创新，重点有四方面任务：一是优化信用消费
功能和环境，提升银行卡消费服务功能，降低刷卡费和手续费，扩
大城乡居民用卡范围，健全互联网金融监管和消费者权益保护体
系。二是逐步扩大消费金融公司试点城市范围，逐渐放宽发起人、
资本规模等限制，构建多元化的消费金融提供主体，通过给予更多
的优惠政策支持非抵押信用消费、农村消费金融发展。三是研究制
定支持专业化、社会化第三方物流发展的政策措施，通过提供资金
和技术支持，积极推广"网订店取""自动取货柜"等网购配送方式。

▲ 网络购物

（新华社发　赵京武/摄）

四是放宽免税店政策，扩大免税店及离境购物退税试点，畅通流通渠道，引导消费回流。

■ 本章小结 ■ ·············

扩大内需是我国经济发展的基本立足点和长期战略方针，也是转方式、调结构的首要任务。国内需求分为投资需求和消费需求，扩大国内需求最重要的是扩大消费需求。要牢牢把握扩大内需这一战略基点，立足当前、着眼长远、标本兼治、多措并举，加快建立扩大消费需求长效机制，释放居民消费潜力。保持投资合理增长，调整优化投资结构，鼓励民间投资，扩大国内市场规模。

名 词 解 释

国内有效需求：指有支付能力的国内需求，包括有支付能力的投资需求和有支付能力的消费需求。

投资消费比例：指总需求中投资需求与消费需求的比例关系，数学计算上可以用支出法国内生产总值中的资本形成总额除以最终消费。

✎ 思 考 题

1. 为什么说扩大内需是大国经济发展的基本立足点？

2. 如何理解扩大内需的主要着力点？

第 六 章

推动产业结构优化升级

产业结构是指国民经济中各产业之间和产业内部各部门之间的比例关系，包括技术结构、组织结构、布局结构、行业结构和要素配置结构等。优化产业结构是推动经济结构战略性调整的主要着力点，是加快转变经济发展方式的重点任务。未来一个时期是我国由工业化中期向工业化后期过渡的时期，也是谋求由上中等收入国家向高收入国家迈进的时期，必须扎实推进产业结构优化升级，不断推动经济发展方式转变取得重大进展。

第一节 产业结构优化升级是加快转变经济发展方式的重点任务

推动产业结构优化升级对于化解经济发展的结构矛盾、加快转变经济发展方式具有十分重要的意义。

◇ 一、产业结构优化升级是促进经济持续健康发展的根本要求

从国际竞争格局来看，优化产业结构是应对新时期国际产业竞

争的必然要求。2008 年国际金融危机爆发后，国际产业竞争格局发生显著变化。一方面，发达国家纷纷采取再工业化战略，力图在新的技术平台上提升制造业和发展新兴产业，继续以核心技术和专业化服务掌控全球价值链的高端环节，这对我国提升产业层次、发展先进制造业形成巨大压力。另一方面，新兴市场国家也在加快产业升级步伐，一些发展中国家利用低廉的资源和劳动力成本优势，与我国在国际市场展开竞争。面对发达国家抢占战略制高点和新兴市场国家抢占传统市场的双重"挤压"，提升我国产业发展水平、增强国际竞争力迫在眉睫。

从要素投入角度看，要素供给条件特别是能源资源约束条件的变化，对我国优化产业结构形成较强的倒逼机制。近年来，随着石油及其他重要矿产资源价格大幅波动、土地和水资源的硬约束增强、保护和治理生态环境的要求提高、数量型人口红利的削弱，支撑我国经济发展的要素供给条件已经发生明显变化，传统的高要素投入型产业发展模式已难以为继，迫切要求调整优化产业结构，从主要依靠要素投入驱动经济增长，向主要依靠创新驱动转变，为转变经济发展方式构筑新的产业基础。

◇ 二、产业结构优化升级是加快形成新的经济 发展方式的重要手段

要使经济发展更多依靠现代服务业和战略性新兴产业带动，就必须促进产业结构优化和转型升级。

（一）**发展现代产业体系要求优化产业结构**。发展现代产业体系，提高产业核心竞争力，是适应国际需求结构调整和国内

消费升级新变化的必然要求。从国际看，全球需求结构面临深刻调整，特别是发达国家的再工业化，对我国部分面向外需的生产能力带来压力和挑战，迫切要求我们主动适应国际需求结构变化调整产业结构。从国内看，我国正处在居民消费结构升级的阶段，城乡居民消费对产品和服务品质的要求不断提高，也迫切要求加快推动产业升级，改变产品附加值低、中低端产品过多、高端产品供给不足的状况，提供质量更好、更能满足市场需要的产品和服务。

（二）提高能源资源利用效率要求优化产业结构。我国是人口大国，在由工业化中期向后期过渡过程中所消耗的能源资源，其规模和数量将是前所未有的。虽然近年来通过努力，产业能效有所提升，清洁生产逐步实施，环境保护进一步强化，但总体上看，工业能耗和污染排放总量仍然过大，相当多的行业还没有摆脱高投入、高消耗、低效益的发展模式。面对日趋严峻的资源环境约束条件，必须改变传统的高投入、高消耗、高污染生产方式，转向投入低、消耗少、产出高、效益好的生产方式，形成节约资源、环境友好的产业结构。

（三）打造国际竞争新优势要求优化产业结构。当前，在我国产业结构中，加工制造业占比过大，而决定市场地位和附加值的产业链高端环节则发展滞后，这种结构性缺陷，使得我国在国际分工中处于产业链的中低端，核心部件和重大装备仍严重依赖进口。要在更高层次上参与国际竞争，迫切需要系统提升研发、设计和加工制造水平，向着产业链的高附加值环节延伸，推动产业结构优化升级，增强我国产业核心竞争力和国际竞争力。

✧ 三、产业结构优化升级是推进经济结构战略性调整的主要着力点

当前我国经济社会发展中结构性矛盾不少，比如需求结构不平衡、城乡和区域发展不协调等，优化产业结构为全面解决这些结构性矛盾提供了重要手段。

（一）优化产业结构是促进消费升级的重要动力。近年来，随着民众消费水平的提高，我国消费结构将接近工业化中期阶段的标准结构，消费需求趋向多层次和多样化。居民的消费结构与产业结构密切相关，产业结构影响消费结构，消费结构又反过来促进产业结构的调整和升级。优化产业结构，就是要创新产品品种、提升质量、创建品牌、改善服务，引领创造新的消费需求，为推动消费需求升级、扩大内需提供重要动力。

（二）优化产业结构是促进区域协调发展的重要支撑。改革开放以来，东部地区在充分发挥政策优势和区位优势的情况下，工业化快速推进，产业发展水平远高于中西部地区。近年来，随着东部沿海地区土地、劳动力等要素成本持续上升，资源环境压力日渐加大，中西部地区基础设施逐步完善，产业配套能力大幅增强，推动东部地区向中西部地区进行产业转移的条件已经成熟。东部地区在现有基础上进行产业结构升级，中西部地区大规模承接东部地区产业转移，既能充分发挥东部地区已有的优势，支持东部地区继续率先发展，又能充分挖掘中西部地区潜力，加快中西部地区赶超步伐，实现产业优化布局和区域协调发展。

（三）优化产业结构是推进新型城镇化和农业现代化的

重要依托。从经济发展进程看，推进城镇化和农业现代化的过程，就是促进经济发展从粗放型增长向集约型增长、从低级经济结构向高级优化的经济结构、从单纯的经济增长向全面协调可持续发展转变的过程。现代工业和服务业的发展过程也是农村剩余劳动力向城市集聚、从第一产业进入第二、三产业的过程。工业和服务业的发展，可以加速农业现代化进程。从这一意义上讲，优化产业结构可以作为新型城镇化和农业现代化的重要依托，通过产业结构优化升级，实现就业方式、人居环境、社会保障等由"乡"到"城"的重要转变，实现农业农村的现代化，促进城乡发展一体化。

第二节　我国产业结构的优势和劣势

新中国成立之初，我国还是一个经济十分落后、工业份额不足 20% 的农业穷国，工业基础十分薄弱。经过六十余年的发展，三次产业均有了长足进步，农业基础地位不断加强，工业持续快速发展，服务业迅速发展壮大，产业结构发生了根本性变化。在国内生产总值构成中，第一产业所占比重不断下降，第二产业和第三产业快速发展，呈现出工业化中期产业结构的一般特征。2013 年，第一、二、三产业增加值分别为 56957 亿元、249684 亿元和 262204 亿元，占国内生产总值的比重分别为 10.01%、43.89% 和 46.1%，其中，第二、三产业合计占比达 90%，第三产业已经超过第二产业成为国民经济中占比最高的产业。

2000—2013 年间中国产业结构变动情况

（单位：%）

产业占比 年份	第一产业	第二产业	第三产业
2000	15.06	45.92	39.02
2002	13.74	44.79	41.47
2004	13.39	46.23	40.38
2006	11.11	47.95	40.94
2008	10.73	47.45	41.82
2010	10.10	46.67	43.24
2012	10.08	45.27	44.65
2013	10.01	43.89	46.10

数据来源：国家统计局。

◇ 一、制造业规模不断壮大，但依然处于全球价值链中低端

新中国成立以后特别是改革开放以来，我国制造业发展突飞猛进，工业增加值从 1978 年的 1607 亿元增长为 2013 年的 210689 亿元，按可比价格计算，年均实际增长 11.9%，2011 年我国制造业规模超过美国跃居全球第一。工业结构实现从门类简单到齐全，从以轻工业为主到轻重工业共同发展，从以劳动密集型工业为主到劳动、资本和技术密集型工业共同发展的转变。钢铁、有色、电力、机械、轻纺、食品等工业部门逐步发展壮大，航空航天工业、汽车工业、电子工业等新兴工业部门从无到有，迅速发展，联合国产业分类中所列的全部工业门类我国都已具备，一个行业比较齐全的工业体系已经形成。

同时也要看到，我国已成为世界制造业大国，但还不是制造业

强国，是世界制造工厂，但还不是世界创造基地，由于缺乏关键核心技术，制造业处于全球产业链的中低端，只能靠拼资源、拼环境、拼人力资源赚取微薄利润。多年来，我们通过引进资金和技术、发挥低成本优势，成为世界制造业大国，但工业大而不强一直是我们的软肋，许多核心技术、大型成套设备、关键元器件和重要基础部件都依赖进口，制造业以技术为主导的新的竞争优势还没有形成。

◇　二、重化工业比重不断上升，但产能过剩问题严重

发达国家和新兴工业化国家的发展经验表明，工业结构重型化是工业化中后期的一个基本规律。随着我国居民消费结构逐步从"吃、穿、用"为主向以住房、汽车等为代表的"住、行"为主升级，以及城镇化快速推进带来大规模基础设施投资增长，原材料、冶金、化工、装备制造等重化工业快速发展，规模迅速壮大。"十二五"时期，我国重化工业产值占工业总产值的比重虽有所波动，但一直维持在70%以上，重化工业和高附加值、高加工度、高技术含量的制造业在国民经济中所占比重和贡献度不断上升。

我国重化工业的增长具有明显的粗放型和外延式特点。部分行业盲目投资过多，重复建设严重，产能扩张过快，同时，市场机制作用未能有效发挥，落后产能退出渠道不畅。受国际金融危机深层次影响，国际市场持续低迷，国内需求增速趋缓，部分行业供过于求矛盾日益凸显，产能过剩问题十分严重，特别是钢铁、水泥、电解铝等高消耗、高排放行业尤为突出。2012年年底，我国钢铁、水泥、电解铝、平板玻璃、船舶产能利用率分别仅为72%、73.7%、71.9%、73.1%和75%，明显低于国际通常水平。产能严

重过剩矛盾如不及时采取措施加以化解，势必会加剧市场恶性竞争，造成行业亏损面扩大、企业职工失业、银行不良资产增加、能源资源瓶颈加剧、生态环境恶化等问题，直接危及行业健康发展，甚至影响到民生改善和社会稳定大局。

✧ 三、服务业发展有所加快，但依然滞后

改革开放以来，我国服务业发展速度加快，规模不断扩大，服务业增加值从 1978 年的 872.5 亿元上升为 2013 年的 262204 亿元，按可比价格计算，年均实际增长率超过 10%，服务业增加值占国内生产总值的比重呈总体提高的趋势，目前已经成为国民经济第一大产业。但与发达国家或是与我国经济发展水平相当的国家相比，我国服务业发展仍明显滞后。2013 年，我国服务业增加值占国内生产总值的比重为 46.1%。根据世界银行的统计，高收入国家服务业比重平均为 72.5%，中等收入国家平均为 53%，低收入国家平均为 46.1%，我国服务业发展水平与经济发展水平相当的国家相比明显滞后。就服务业内部结构而言，我国生产性服务业如金融、保险、咨询、技术服务、风险基金等行业规模过小，在整个经济中所占比重很低，影响其对产业结构优化升级的引领带动能力；生活性服务业中，技术含量低的劳动密集型企业仍然占主体，行业内出现过度竞争现象。就服务业的组织结构来说，无论是服务业企业，还是行业协会和公共服务平台，大多存在着资金和经营规模小，经济实力和技术开发实力弱，经营分散且相互之间缺乏分工协作和资源信息共享，经营结构、产品结构趋同，技术水平和服务层次低等问题。在许多行业，能够引领发展潮流的领军企业和具有较大影响力的知

名品牌较少，领军企业和知名品牌的示范带头作用发挥得不够。

✧ 四、产业布局正在发生积极变化，但区域产业趋同问题普遍

经过多年的高速发展，目前东部地区资本相对饱和，当地市场已难以满足资本增值的需要，加上近年来东部地区土地、劳动力、能源等生产要素供给趋紧，企业商务成本居高不下，资源环境约束矛盾日益突出，东部地区加快产业升级步伐，一方面主动承接国际先进制造业和服务业转移，另一方面积极向中西部地区转移现有产能；而中西部地区也大力实施"筑巢引凤""万商西进"等工程，采取各种措施吸引东部地区产业转移。整体来看，我国产业布局正在发生积极变化，中西部地区工业比重明显上升，产业发展水平与东部地区的差距呈现缩小趋势。

长期以来，一些地方盲目追求自成体系，搞"大而全""小而全"，从全国范围看，各地产业布局相似性大，地区内部形成了自给自足的地区经济，导致地区间恶性竞争，阻碍了地区间的专业化分工协作，同时，也使得部分行业产业集中度偏低，低水平重复建设泛滥，极大地影响了资源配置效率。与此同时，遍地开花的产业布局模式也与区域能源资源和环境承载能力不相适应，大规模跨区域调运能源资源不仅增加了经济发展整体成本，也导致环境污染的扩散。

第三节　产业结构优化升级的重点任务

着力构建现代产业发展新体系，这是党中央根据国际市场需求

结构新调整、产业格局新变化和科技进步新趋势，科学分析我国经济发展新阶段新特征，提出的一项重大战略任务，是我国产业优化升级的方向。必须把构建现代产业发展新体系作为优化产业结构的主要任务，牢牢把握发展实体经济这一坚实基础，实行更加有利于实体经济发展的政策措施，推动战略性新兴产业、先进制造业健康发展，加快传统产业转型升级，推动服务业特别是现代服务业发展壮大，合理布局建设基础设施和基础产业，大力发展现代信息技术产业体系，着力优化产业布局，推动大中小微型企业健康发展。

✧ 一、加快培育发展战略性新兴产业

培育发展战略性新兴产业，既是优化产业结构、构建产业竞争新优势的战略举措，也是培育新的经济增长点、掌握未来发展主动权的必然选择。以扩大国内市场应用、重要关键技术攻关为重点，推动战略性新兴产业健康发展。到 2015 年，战略性新兴产业增加值占国内生产总值比重力争达到 8% 左右，对产业结构升级、节能减排、增加就业等的带动作用明显提高。到 2020 年，力争使战略性新兴产业成为国民经济和社会发展的重要推动力量，增加值占国内生产总值比重达到 15%，部分产业和关键技术跻身国际先进水平，节能环保、新一代信息技术、生物、高端装备制造产业成为国民经济支柱产业，新能源、新材料、新能源汽车产业成为国民经济先导产业。要贯彻落实好《"十二五"国家战略性新兴产业发展规划》。大力推进重大产业创新发展工程和重大市场应用工程，加强原始创新、集成创新和引进消化吸收再创新，在节能环保、新一代信息技术、生物、高端装备制造、新能源、新材料、新能源汽车等

领域，选择最有基础、最有条件的重点方向作为切入点和突破口，明确阶段发展目标，集中优势资源，突破重点领域的关键核心技术，推动区域集聚发展。抓紧落实有关税收、金融、体制机制改革等配套政策措施，积极推动国际化发展，大力支持市场潜力大、产业基础好、带动作用强的行业，加快形成支柱产业，积极培育先导产业，切实提高产业核心竞争力和经济效益。

✧　二、大力发展现代信息技术产业体系

抓住信息产业持续引导经济社会创新发展的历史性机遇，紧跟现代信息技术发展步伐，把发展新一代信息技术产业作为优化产业结构的重要战略基点。加快电子信息制造业与软件业升级换代和创新发展，集中突破高性能集成电路、新型显示、关键电子元器件、材料以及基础软件、信息安全软件、行业应用软件等核心关键技术，全面提升产业核心竞争力。推动通信业转型发展，统筹信息网络整体布局，加快实施"宽带中国"战略，构建覆盖全国的信息基础设施，推进"三网融合"，重点推动新一代移动通信、下一代互联网、移动互联网、云计算、物联网、智能终端等领域发展。适应新一轮科技和产业革命趋势，推动信息产业和制造业、服务业融合发展，加快信息技术在经济社会全方位应用，充分发挥现代信息技术产业对国家经济社会发展的支撑能力。做好网络空间战略布局，加强互联网基础管理，完善网络与信息安全保障机制，提高安全保障能力，健全安全保障体系，提升应急通信保障能力，确保国家经济与信息安全。

✧ 三、推动先进制造业健康发展

这是推动我国由制造业大国向制造业强国转变的重要举措。要着力提升工业基础能力，切实提高关键基础零部件、基础工艺、基础材料、基础制造装备研发和系统集成水平。以先进制造技术为突破口，加快形成先进装备制造业顶级技术合作联盟，建立先进装备制造研发设计平台，构建起高效完备的先进装备制造业服务体系和先进制造标准化体系，加强重大技术成套装备的研发和产业化。适应新一轮产业和科技革命发展趋势，面向未来全球科技和产业竞争制高点，制定先进制造业发展指南和技术路线图，加快淘汰落后工艺技术和设备，促进传统制造业向智能制造转型，促进制造业与现代服务业加速融合，全面提升制造业的数字化、网络化水平，建立一批具有全球影响力的产业基地，促进制造业由大变强，充分发挥先进制造业在优化产业结构中的带动作用。

✧ 四、加快传统产业转型升级

传统产业是我国经济发展的主要力量。促进传统产业转型升级，既是当前产业结构优化升级的迫切要求，也是转变经济发展方式的主要任务。

一方面，要坚持利用信息技术和先进适用技术改造传统产业，促进信息技术在各行各业的集成应用，提高研发设计、生产过程、生产装备、经营管理信息化水平，提高传统产业创新发展能力。把企业技术改造作为推动产业转型升级的一项战略任务，建立长效工作机制，加快应用新技术、新材料、新工艺、新装备改造提升传统产业，鼓励企业增强新产品开发能力，加快产品升级换代，推进先进质量管理，促进企业管理创新。

另一方面，要积极有效化解产能严重过剩矛盾。按照"尊重规律、分业施策、多管齐下、标本兼治"的总原则和"消化一批、转移一批、整合一批、淘汰一批"的主要途径，把化解产能过剩矛盾与调结构、转方式结合起来，更加突出依靠市场力量调整和优化存量产能，更加突出建立和完善长效机制。一是管住控制增量，从源头上杜绝重复建设、坚决遏制产能严重过剩行业盲目扩张。二是调整优化存量，通过技术创新、消费引导、淘汰落后、兼并重组、布局调整等，全面提升产品结构、组织结构、布局结构、市场结构，加快产业转型升级。三是建立和完善以市场为主导的化解产能过剩矛盾长效机制。强化行业准入标准和环保硬约束两个门槛，严把土地供应、金融政策两个闸门，综合运用财税支持、价格杠杆、信息公开等配套政策措施，充分发挥市场配置资源的决定性作用，营造公平竞争的市场环境，巩固化解工作取得的成果。同时，妥善处理好化解产能过剩可能带来的职工下岗等问题，维护社会稳定。

✧ 五、着力优化产业布局

结合区域发展总体战略和主体功能区战略的实施，综合考虑能源资源、环境容量、市场空间等因素，优化重点产业生产力布局。主要依托国内能源和矿产资源的重大项目，优先在中西部资源地布局；主要利用进口资源的重大项目，优先在沿海沿边地区布局。有序推进城市钢铁、有色、化工企业环保搬迁。优化原油加工能力布

▲ 上海：临港制造凸显国家战略 　　　　　　　（新华社发　陈飞/摄）

局，促进上下游一体化发展。引导生产要素集聚，依托国家重点工程，打造一批具有国际竞争力的产业基地。以产业链条为纽带，以产业园为载体，发展一批专业特色鲜明、品牌形象突出、服务平台完备的现代产业集群。

◇　**六、推动服务业特别是现代服务业发展壮大**

优化产业结构，必须把发展服务业作为战略重点，坚持生产性服务业和生活性服务业并重，现代服务业和传统服务业并举，进一步发展壮大服务业，不断提高服务业增加值占国内生产总值比重。大力发展面向民生的服务业，在巩固传统业态的基础上，积极拓展新型服务领域，不断培育服务业新的增长点。着力发展生产性服务业，培育研发设计、现代物流、金融服务、信息服务和商务服务，促进制造业与服务业、现代农业与服务业融合发展。从促进消费升级出发，不断创造新的消费需求，特别是要把基于宽带和无线网络的信息消费作为新一轮扩大消费需求的重点领域，积极培育发展网络文化、数字家庭、商贸流通电子商务、跨境贸易电子商务、移动支付等新型业态和新兴消费热点。深化服务业体制改革，大力破除制约服务业发展的体制机制障碍，完善支持服务业加快发展的财税金融政策体系。扩大服务业对内对外开放，鼓励民营资本进入生产性服务业，积极引进国际先进服务业态，构建充满活力、特色明显、优势互补的服务业发展格局。

◇ 七、合理布局建设基础设施和基础产业

能源、交通等基础设施和基础产业是国民经济现代化的重要依托，是推动产业结构优化升级的重要支撑。要推动能源生产和利用方式变革。坚持节约优先、立足国内、多元发展、保护环境，加强国际互利合作，调整优化能源结构，推进能源多元清洁发展，优化能源开发布局，加强能源输送通道建设，构建安全、稳定、经济、清洁的现代能源产业体系。按照适度超前原则，统筹各种运输方式发展，加快推进铁路客运专线、区际干线、高速公路、内河高等级航道建设，提升沿海地区港口群现代化水平，完善航空网络，积极推动通用航空发展；加快建设以轨道交通和高速公路为骨干的城际

▲ 天津西站迎来京沪高铁首发列车 　　　　　　　　　（新华社发　刘海峰／摄）

快速交通网络，大力发展城市公共交通系统，统筹城乡公共交通一体化发展；加快综合交通枢纽建设，提高交通运输信息化水平，完善现代物流体系，形成网络设施配套衔接、技术装备先进适用、运输服务安全高效的综合交通运输体系。

✧ 八、推动大中小微型企业健康发展

一方面，着力提高大中型企业核心竞争力。形成资源配置更

富效率的产业组织结构，充分发挥市场机制作用，加快推进企业兼并重组，在规模经济行业形成一批具有国际竞争力的大企业大集团，提升企业核心竞争力。另一方面，支持小微企业特别是科技型小微企业发展。切实用好中央财政小微企业发展资金，建立和完善与小微企业发展相适应的金融机构体系，健全小微企业社会化服务体系，积极支持和推动以小微企业为对象的技术、管理、培训、市场开拓、法律咨询等各类公共服务平台建设，完善小微企业发展环境，切实解决好小微企业发展面临的实际困难，支持其提升企业管理水平，增强小微企业的生存能力、竞争能力和可持续发展能力。

ⓘ _案 例_

广东产业结构优化升级：
腾笼换鸟促转型，凤凰涅槃求创新

腾笼换鸟，就是加快结构调整，培育和引进新兴产业，在腾挪空间中转型升级；凤凰涅槃，就是要拿出浴火重生的勇气和决心，实施创新驱动，抢占新产业和新技术的制高点。"两只鸟"的形象比喻，折射出加快经济结构调整的重要性、紧迫性。

广东依靠毗邻港澳、先行一步的优势和成本低廉的优势，创造了"两头在外、大进大出"的珠江三角洲模式。然而，当 2008 年国际金融危机爆发时，广东的经济增长率一度降到改革开放以来的最低点 5.8%。广东的高外贸依存度带来与国际市场"同此凉热"的高风险，在金融海啸中，那些没有自己"头脑"和"心脏"的贴牌企业更容易"沉没"。"国际金融危机对我国经济的冲击，表面上是对经济增长速度的冲击，实质上是对经济发展方式的冲击"，对这句话，恐怕没有人比广东人的感受更为真切。金融危机暴露了广东外贸依存度高、产业层次低、自主创新能力不强等传统经济发展方式存在的问题。

危机就是契机，倒逼机制就是倒逼机遇。2009—2011年，广东省拿出 400 亿元促进珠江三角洲地区劳动密集型产业向东西两翼及粤北山区转移，先后建立了 35 个产业转移工业园，累计吸引各类项目 2988 个，总投资约 7030 亿元。三年间，产业转移工业园累计创造工业产值超过 4500 亿元，税收约 250 亿元。如果把这 35 个园区的工业生产规模当作一个城市，这座"城"在广东 21 个地市中可以排到第十位，珠江三角洲产业转移三年，转移出去了一座"城"。这座从珠江三角洲转移出来的"城"与转入地优势资源相结合，成为广东东西两翼及粤北山区快速发展的驱动力。与此同时，产业转移为珠江三角洲腾出了集约发展的资源与空间，中科炼化一体化项目、广东汉能光伏项目、中兴通讯生产基地、长安标致雪铁龙汽车生产基地等一大批战略性新兴产业项目密集开工，涉及投资近千亿元。截至 2011 年年底，珠江三角洲转移企业 5983 家，淘汰落后产能企业 78019 家，引进高新技术企业 1.8 万家。

随着珠江三角洲产业转移、"腾笼换鸟"等政策的实施，广东瞄准先进制造业、战略性新兴产业和现代服务业，推动产业结构升级，加快区域经济转型，发挥重点项目在推动产业转型升级和区域协调发展上的引领带动作用，选定高端装备制造、节能环保、新能源等八大产业作为重点发展领域，将珠江三角洲建设成为全国领先、世界先进的战略性新兴产业基地。

在新一轮产业转型升级中，广东大力实施创新驱动发展战略。一方面，更加注重自主创新能力的提升，加快推进国家重点实验室、工程中心等重大创新平台建设，实施了东莞散裂中子源、华南新药创制中心等一批重大科技基础设施项目。广东发明专利授权量、PCT 国际专利申请量和驰名商标总数均居全国首位。在战略性新兴产业领域，广东的发明专利授权量占全国的 1/5，在 2010 年全国信息产业 5 项重大技术发明中，广东就独占 3 席。另一方面，广东推进先进制造业与现代服务业"双轮并举"，重点发展现代物流、商务会展、总部经济、文化创意等高端服务业，着力打造亚洲物流中心、区域金融中心。

▌本章小结 ▌·········

推动经济结构战略性调整是加快转变经济发展方式的主攻方向，优化产业结构是加快转变经济发展方式的重点任务。本章在分析我国产业结构优势、劣势的基础上，提出了推动产业结构优化升级的方向和主要任务。

名 词 解 释

战略性新兴产业：以重大科技突破和重大发展需求为基础，对经济社会全局和长远发展具有重大引领带动作用，知识技术密集、物质资源消耗少、成长潜力大、综合效益好的产业。立足我国国情和科技、产业基础，现阶段重点培育和发展的战略性新兴产业，包括节能环保、新一代信息技术、生物、高端装备制造、新能源、新材料、新能源汽车等产业。

现代服务业：指那些依靠高新技术和现代管理方法、经营方式及组织形式发展起来的、主要为生产者提供中间投入的知识、技术、信息密集型服务部门，其核心是生产性服务业，如金融服务、信息技术与网络通信服务、创意设计、物流服务、商务服务以及部分被新技术改造过的传统服务业等。

产业链：指具有某种内在联系的产业集合，这种产业集合是由服务于某种特定需求或进行特定产品生产（及提供服务）所涉及的一系列互为基础、相互依存的产业所构成。从某种程度上讲，产业链是价值链、供应链和产品链的统一体，其中，产品价值链是产业链的核心。

📝 思 考 题

1. 当前我国产业结构不合理主要表现在哪些方面？
2. 如何促进产业结构优化升级？

第 七 章

促进区域协调发展

区域协调发展关系国民经济发展的速度、结构、质量和效益，是实现共同富裕和公平正义的基础。贯彻落实好区域发展总体战略，让各地区人民享受到大体均等的基本公共服务，地区发展差距保持在适度范围内，各地区比较优势得到合理有效的发挥，各地区人与自然关系处于协调和谐状态，对于加快形成新的经济发展方式、促进国民经济持续健康发展、实现"两个一百年"的奋斗目标、实现中华民族伟大复兴的中国梦意义重大。

第一节　促进区域协调发展是加快转变
经济发展方式的重要内容

我国地域辽阔，地区间自然条件、资源禀赋、经济基础、历史文化差异显著，发展不平衡，是我国的基本国情。党和国家高度重视区域协调发展问题，从新中国成立后的均衡布局战略，到改革开放以来先后实施的区域非均衡发展战略和区域协调发展战略，特别是从 20 世纪 90 年代以来，在鼓励东部地区率先发展的基础上，先后作出了实施西部大开发、振兴东北地区等老工业基地、促进中部地区崛起的重大战略决策，进一步明确了区域发展总体战略，并先后制定实施了一系列重大区域规划政策，区域政策的指向更加明确，支持举措更加务实，各地区发展的活力竞相迸发，区域发展的格局发生了积极而重大的变化，区域发展的协调性日益增强，有力地支撑了国民经济持续健康发展。

✧ 一、促进区域协调发展战略及其政策框架逐步形成并不断完善

新中国成立初期，我国 70% 的工业分布在沿海地区，30% 在内地。新中国成立后，毛泽东同志根据当时国内工业布局状况，提出要处理好沿海和内地的关系，实施了均衡布局战略，在中西部地区建设了一批行业较为齐全的工业基地。

改革开放后，邓小平同志提出，"一部分地区发展快一点，带动大部分地区，这是加速发展、达到共同富裕的捷径"，设计了"两个大局"的战略构想：一个大局是沿海地区加快对外开放，较快地先发展起来，内地要顾全这个大局；另一个大局是沿海地区发展到一定时期，要拿出更多的力量帮助内地发展，沿海地区也要顾全这个大局。从改革开放到 20 世纪 90 年代中后期，国家实施区域非均衡发展战略，采取地区倾斜、重点突破、梯次推进的战略举措，让有 2 亿人口的沿海地区先走一步，尽快与国际经济接轨，进而带动中西部地区发展。在沿海地区优先发展的政策支持下，东部地区充分利用较好的经济基础、优越的地缘条件，积极引进国外资金和先进技术，大力发展外向型经济，实现了经济

的快速发展。长江三角洲、珠江三角洲、京津冀等沿海经济比较发达的地区加快发展，对全国产生了示范和激励效应，不仅增强了全国综合实力，加快了我国对外开放步伐，也带动了中西部地区的开发开放和发展。

20世纪90年代后期以来，针对区域发展差距明显扩大的趋势，按照邓小平"两个大局"的战略构想，中央适时作出了完善区域发展战略的重大决策。"九五"计划首次将地区之间协调发展作为国民经济和社会发展的指导方针之一，提出"坚持区域经济协调发展，逐步缩小地区发展差距。要更加重视内地的发展，实施有利于缓解差距扩大趋势的政策，并逐步加大工作力度，积极朝着缩小差距的方向努力"。1999年中央作出了实施西部大开发战略的决策，2003年中央决定实施振兴东北地区等老工业基地战略，2005年中央又作出了促进中部地区崛起的重大决定，形成了以西部大开发、振兴东北地区等老工业基地、促进中部地区崛起、鼓励东部地区率先发展为主要内容的完整的区域发展总体战略。区域发展总体战略的提出与实施，促进了分工合理、特色明显、优势互补的区域产业结构的逐渐形成，增强了区域发展的协调性，推动了国民经济又好又快地发展。

✧ 二、区域发展协调性不断增强

长期以来地区发展差距扩大的势头得到初步遏制，区域发展的协调性进一步增强。

一是中西部地区发展的自主性逐步增强。1978—2005年，东部地区生产总值年均增长速度比中部、西部和东北地区分别快1.9、

2.1 和 3.1 个百分点，地区间发展差距不断扩大。2006 年以来，随着区域发展总体战略的实施，中西部和东北地区发展速度逐年加快，改变了多年来与东部地区经济增速差距不断拉大的状况。2007 年，西部地区经济增长速度达到 14.6%，首次超过东部地区的 14.4%。2008 年，中西部和东北地区经济增长全面加速，西部、东北和中部地区生产总值分别增长 12.4%、13.3% 和 12.2%，均超过东部地区 11.1% 的增速。2008—2013 年，中西部和东北地区增长速度连续 6 年全面超过东部地区，扭转了长期以来区域经济增长"东快西慢"的格局，地区发展差距扩大势头得到初步遏制，这是我国区域发展进程中重大的历史性变化。

二是中西部地区增长质量明显提高。随着西部大开发深入推进，西部地区基础设施和生态建设取得突破性进展，自我发展能力明显增强；东北地区振兴迈出新步伐，老工业基地焕发勃勃生机和活力，资源型城市经济转型稳步推进；中部地区崛起步伐加快，"三个基地、一个枢纽"建设取得积极进展，总体经济实力进一步提升。与 2000 年相比，2012 年中西部和东北地区固定资产投资、社会消费品零售总额、进出口总额占全国的比重分别从 42.3%、44.8% 和 11.9% 提高到 58.8%、47.2% 和 15.4%，经济总量占全国的比重从 46.5% 提高到 48.7%。中西部地区基础设施建设取得突破性进展，生态建设大规模展开，教育、卫生、文化等社会事业加快发展，地区间基本公共服务差距趋于缩小，城乡面貌发生历史性变化。

三是东部地区率先发展成效显著。东部地区加快转变经济发展方式，大力推进经济结构战略性调整，着力增强自主创新能力，发展质量不断提高，在科学发展和改革开放方面继续走在全国前列。

✧ 三、区域增长格局发生积极变化

随着一批指导性、针对性、操作性强的区域规划和政策性文件的制定和实施，各地区比较优势得到进一步发挥，东部沿海地区经济布局进一步优化，中西部地区培育形成了一批新的经济增长极，革命老区、民族地区、边疆地区和贫困地区加快发展，区域空间结构不断改善。我国区域经济版图已经从传统的东部三大引擎地区向多极支撑、竞相发展转变。

一是东部地区继续利用先发优势，经济特区、上海浦东新区、天津滨海新区、广州南沙新区等条件较好地区的开发开放迈出新步伐，体制机制创新为经济发展不断增添动力和活力，长江三角洲、珠江三角洲、京津冀三大地区经济总量超过全国的 40%，继续引领我国经济增长。

二是中西部地区按照"以线串点、以点带面"的开发思路，着力培育新的经济增长极，发展活力显著增强。成都、重庆、武汉、长株潭作为国家综合配套改革试验区，增强了中心城市的辐射带动作用，广西北部湾经济区、成渝经济区、关中—天水经济区、中原经济区、皖江城市带、长江中游地区等一批新的增长极加快形成，成为引领中西部乃至全国经济持续快速增长的重要支撑。

三是东北地区等老工业基地发展的内在动力不断增强，辽宁沿海、沈阳经济区、长吉图地区、哈大齐走廊现代产业基地建设步伐加快，资源型城市经济转型和可持续发展取得新进展。

四是在对东部沿海地带与横贯东西的长江形成的"T"字形主

轴线进行重点开发和布局的基础上，国家在东部、中部、西部和东北地区规划和推动建设了一批地位重要的经济区和特殊功能区，培育了一批不同层级的新的区域增长极，东部地区生产力布局进一步优化，中西部地区布局更加清晰，基本形成以沿海、沿江、沿边、沿主要交通干线为依托的开发轴带，要素资源加快向更具有比较优势的地区流动，区域产业布局特色逐步显现，大大细化和优化了中国经济版图。

五是老少边穷地区脱贫步伐加快。国家加大对民族地区、边疆地区、革命老区、贫困地区的扶持力度，支持特殊类型地区发展。相继出台了促进西藏、新疆、广西、云南、宁夏、内蒙古以及青海等省藏区跨越式发展的指导意见，明确了各地区发展的战略定位、发展思路和重点任务，制定了特殊的扶持政策；颁布实施了集中连片特殊困难地区区域发展与扶贫攻坚规划，制定出台了支持革命老区振兴发展的规划和政策，调整完善了对欠发达地区的帮扶机制，形成了全方位的对口支援新疆、西藏工作新格局。这些措施有力地推动了老少边穷地区的经济社会发展，促进了民族团结和边疆巩固，加快了特殊类型地区与全国其他地区同步实现全面小康的步伐。

◆ 四、区域合作不断深化

区域合作深度广度全面提升，生产要素在更大范围内实现优化配置，区域良性互动格局铸就了新的增长动力。

一是长江三角洲、珠江三角洲、京津冀等重点地区区域合作深入开展。长江三角洲地区合作机制、东北四省（区）行政首长协调机制等区域合作机制运作良好，各类跨行政区的经济区、经济带、城市群（圈）大量涌现，资源要素整合力度加大，以基础设施互联互通、统一市场体系建设、社会保障制度对接为重点，地区间人流、物流、资金流、信息流与日俱增，地区间商品、要素价差趋于缩小，重点地区一体化发展水平不断提升。

二是东部沿海地区向中西部地区产业转移步伐加快。中西部地区承接产业转移的规模逐步扩大，区域间产业分工趋于合理，跨行政区的区域合作形式日益多样，机制不断完善，有力地推动了区际比较优势交换和产业跨区域转移，区域一体化进程明显加快，区域间合作共赢、利益共享的良性互动格局初步显现。

三是长江三角洲、珠江三角洲等地区的中国（上海）自由贸易试验区、深圳前海深港现代服务业合作区等开放平台有效发挥示范带动作用，沿海沿边开放合作上升到新的水平。

四是与周边国家区域合作进一步加强。沿边开放、向西开放、内陆开放步伐加快，西部和东北地区成为对外开放的前沿地带。国家相继出台实施了进一步扩大沿边地区开放的指导意见，设立了新疆喀什和霍尔果斯经济开发区以及内蒙古满洲里、云南瑞丽、广西东兴等沿边重点开发开放试验区，支持建设宁夏内陆开放型经济试验区，以大湄公河次区域（GMS）经济合作、东盟—湄公河流域开发合作为平台的东南亚合作成效明显，以中俄地区合作、图们江区域国际合作开发机制为重点的东北亚合作取得重要进展，以上海合作组织为纽带的西北边疆省区与中亚国家的交流合作全面展开，积极建设丝绸之路经济带、21世纪海上丝绸之路，全方位、宽领域的对外开放格局逐步建立，统筹内外、协调互动的开放体系基本形成。

✧ 五、区域发展依然存在一些突出问题

一是区域发展差距仍然较大。虽然近年来中西部地区和东北地区的经济发展速度超过东部地区，人均国内生产总值相对差距有所缩小，但区域发展绝对差距仍在继续拉大，特别是中西部地区人均受教育年限、医疗卫生、社会保障等基本公共服务水平与东部地区仍有相当差距。

二是区域间低水平竞争和重复建设仍然存在。一些地区超出资源环境承载能力过度开发，或争相上同类项目，发展同类型产业，造成地区产业结构趋同化；有些地方盲目追求发展速度，采取税收减免、土地优惠、财政补贴甚至不惜放宽环境、社保标准等招商引资，助推了重复投资和产能扩张，产能出现严重过剩；有些地区搞行政垄断、地区封锁、市场分割或者竞相优惠，各自为政、相互封锁、无序竞争的状况仍然存在，导致资源浪费和重复建设。优化空间布局、促进要素流动、引导产业有序转移、形成合理分工等面临着不少行政壁垒和经济障碍。

三是欠发达地区发展基础和条件仍然薄弱。经济发展整体水平不高，基础设施薄弱且历史欠账较多，产业发展仍停留在较低层次，同时还面临自然、地理、民族、宗教等多方面的特殊困难和问题。农村生产生活条件落后，基本公共服务体系尚不完善，人才严重短缺，贫困面广且程度深，扶贫攻坚任务重，如期实现全面建成小康社会目标任务艰巨。

四是区域协调发展机制有待进一步完善。区域间的资源开发与利用、生态环境保护与补偿、生产要素流动与交易等方面的利益关系调整还缺乏科学的制度规范，保障公平权利和成果共享的制度架

构尚未形成，市场机制作用还未能充分发挥，财税体制和区域统一协调管理机制不健全，发达地区对欠发达地区特别是贫困地区的支援在整体上缺乏制度安排，建立在市场基础上的互利共赢的区际合作互动模式还没有稳固形成，促进区域协调发展的法制建设相对滞后，区域政策和规划实施缺乏必要的法律保障。

第二节　继续深入实施区域发展总体战略

党的十八大和十八届三中全会立足新的形势变化，着眼于全面深化改革，对实施区域发展战略提出了新的要求和部署。一是要完善并创新区域政策，缩小政策单元，重视跨区域、次区域规划，提高区域政策的精准性。二是要谋划区域发展的新棋局，由东向西，由沿海向内地，沿大江大河和陆路交通干线，推动区域发展。三是要依托"黄金水道"建设长江经济带，以海路重点口岸为重点，形成沿河连接的西南、中南、东北、西北等经济支撑带，推动长江三角洲地区经济一体化，深化泛珠江三角洲区域经济合作，加强环渤海及京津冀地区经济协作。新时期促进区域发展将在充分发挥各地区比较优势，继续深入实施区域发展总体战略的基础上，以市场为基础，从更高层次更广空间促进资源优化配置，优化区域发展格局，促进区域统筹协调，更加注重促进东中西部、沿海与内地的协调发展，加快缩小区域发展差距；更加注重沿大江大河和陆路交通干线的联动发展，积极培育新的区域经济带和增长极；更加注重促进区域一体化发展和协同发展，促进资源要素自由流动和高效配置；更加注重推进国内与国际的合作发展，推动对内对外开放相互促进；更加注重促进区域可持续发展，进一步提高国土空间开发的科学性。

✧ 一、优先推进西部大开发

实施西部大开发战略十多年来，国家在规划指导、政策扶持、资金投入、项目安排、人才培养等方面不断加大对西部地区的支持力度，中央政府投资大量投向西部地区民生工程、基础设施、生态环境、产业振兴、技术创新和灾后重建等领域，同时带动地方和社会资金投入，西部地区基础设施、生态建设取得了突破性进展，经济实力明显增强，人民生活水平有了显著改善，缩小了与东部地区的发展差距，更为全国经济发展提供了巨大的回旋空间。但西部地区仍存在不少制约发展的突出矛盾和问题，主要表现在能源通道建设滞后、环境承载能力较弱、企业创新能力不足、体制机制有待理顺等方面。

今后一个时期，要优先推进西部大开发，进一步加大对西部地区的支持力度，拓展我国经济发展的战略空间，为全国经济持续健康发展作出更大的贡献。一是加快推进基础设施建设，建设完善出海通道、南北通道以及国际通道等重大铁路基础设施，推进"八纵八横"骨架公路建设，建设一批骨干水利工程、重点水利枢纽工程和大中型水库及城市水源工程。二是引导产业转移和发展特色优势产业，支持西部地区依托能源资源禀赋，高标准建设国家能源基地、资源深加工基地、装备制造业基地，有选择地发展新能源、新材料、节能环保、生物医药等战略性新兴产业，加强优势资源就地加工转化，培育产业发展新优势，构建现代产业体系。三是推进科

▲ 一列火车驶过藏北措那湖边 （新华社发）

技进步和自主创新，选择条件具备的地区开展科技创新体制机制试点，加强新技术研发，积极突破优势资源开发利用和传统产业改造升级的关键技术，发展绿色经济、循环经济和低碳技术，以科技进步和自主创新塑造新竞争优势。四是以重点生态功能区综合治理为重点，以重大生态修复工程为抓手，以加快建立健全生态补偿机制为保障，大力推进西部地区生态文明建设。五是全面提升西部地区对外开放水平，大力发展内陆开放型经济，积极推进丝绸之路经济带建设，加快孟中印缅、中巴经济走廊建设，打造互利共赢的利益共同体。

✧ **二、全面振兴东北地区等老工业基地**

实施东北地区等老工业基地振兴战略 10 年来，东北地区等老工业基地综合经济实力大幅提升，2003—2013 年，东北三省地区生产总值年均增长 12.7%，改革取得重大进展，先行先试了增值税转型、农业税减免等重大改革举措，国有工业企业产权制度改革基本完成；产业竞争优势逐步恢复，重大装备制造业和农业的战略地位进一步凸显；基础设施建设取得长足进展，重大民生工程广惠于民，棚户区改造和基本养老保险试点率先在东北展开并大规模推进，累计改造各类棚户区面积超过 2.9 亿平方米，基本养老保险参保率达到 95% 以上；资源枯竭城市转型初见成效，生态环境明显改善，重点流域水质明显好转，林业实现了以木材生产为主向以生态建设为主的历史性转变。但制约老工业基地发展的体制性、机制性、结构性矛盾仍未根本消除，市场化程度仍然不高，发展方式仍然粗放，产业结构不尽合理，创新支撑不足，城镇化质量不高，保障和改善民生压力较大，资源枯竭城市等转型发展任务繁重，生态环保有待加强。

今后一个时期，要在巩固提升东北地区振兴成果的基础上，统筹推进全国老工业基地调整改造，积极调整经济结构和转变发展方式，全面振兴东北地区等老工业基地。一是实施创新驱动发展战略，强化企业创新主体地位，加快建立和完善现代产业体系，提高装备制造业国际竞争力，提升原材料产业精深加工水平，大力发展现代服务业，完善能源交通基础设施，再造产业竞争新优势。二是加快推进农业现代化，打造国家粮食战略生产基地，优化农业产业结构，改善水利等农业基础条件，创新现代农业经营机制，保障国家粮食安全。三是加快资源型城市和地区转型发展，引导资源富集地区可持续发展，支持独立工矿区改造转型，加快林区经济转型。四是推进棚户区改造等重大民生工程，加强文化建设，创新社会管理。五是推进节能减排，加快环境污染治理，开展工业废弃地治理和矿区环境整治，发展循环经济，加强重点生态功能区建设。六是推进国有企业改革和非公有制经济发展，推进面向东北亚的开放合作，全面提升开放型经济水平。

✧ 三、大力促进中部地区崛起

实施促进中部地区崛起战略以来，中部地区经济较快增长，总体实力大幅提升，经济总量占全国的比重逐步提高；粮食生产基地、能源原材料基地、现代装备制造及高技术产业基地和综合交通运输枢纽（"三基地、一枢纽"）建设加快，产业结构调整取得积极进展，资源节约型和环境友好型社会建设成效显著；重点领域和关键环节改革稳步推进，区域合作交流不断深入，全方位开放格局初步形成；城乡居民收入持续增加，社会事业全面发展，人民生活明显改善。经过不懈努力，中部地区已经步入了加快发展、全面崛起的新阶段。但中部地区是全国"三农"问题最为突出的区域，地区产业结构调整任务重，产能过剩问题较为突出。

促进中部地区崛起，关键在于发挥中部地区承东启西的区位优势、综合资源优势以及工业基础、科技实力较强的比较优势，更加注重转型发展、创新发展、协调发展、可持续发展与和谐发展。重点是稳步提升中部地区作为全国粮食生产基地、能源原材料基地、现代装备制造及高技术产业基地和综合交通运输枢纽的地位，促进新型城镇化、工业化和农业现代化协调推进，不断增强发展的整体实力和竞争力，努力实现中部地区全面崛起，在支撑全国发展大局中发挥更大的作用。与此同时，国家要从扶持粮食主产区经济发展、落实节约集约用地政策、加大财税和金融政策支持力度、加强

▲ **铁路引领郑州快速崛起**　　　　　　　　　　　（新华社发　赵鹏/摄）

投资和产业政策支持与引导、完善生态补偿政策、完善并落实好中部地区比照振兴东北地区等老工业基地和西部大开发（"两个比照"）有关政策等方面，进一步加大对中部地区崛起的支持。

◇　四、积极支持东部地区率先发展

近年来东部地区大力推进自主创新和产业优化升级，电子信息、生物、新材料、新能源等高技术产业和现代物流、金融服务、科技服务、信息服务、旅游、文化创意等现代服务业发展迅速，国际竞争能力和对区域经济的带动能力不断增强，东部率先发展不断迈出新的步伐。

新时期要继续发挥东部地区对全国经济发展的重要引领和支

撑作用，在更高层次参与国际合作和竞争，在改革开放中先行先试，在转变经济发展方式、调整经济结构和自主创新中走在全国前列。着力提高科技创新能力，培育产业竞争新优势，推进体制机制创新，提升开放型经济水平，加快城乡发展一体化步伐，加强生态文明建设，在率先发展中探索路子、积累经验，为其他地区提供示范和借鉴。同时，继续发挥东部沿海地区在我国对外开放体系中的战略地位和作用，把建设自由贸易试验区作为深化开放的重大举措。

▲ **杭州湾跨海大桥**　　　　　　　　　　　　　　　　（新华社发　谭进/摄）

ⓘ _ 案 例 _

浦东新区的崛起

1990 年 4 月，党中央、国务院同意上海加快浦东地区开发，在浦东实行经济技术开发区和某些经济特区的政策。1992 年 10 月，国务院批复同意设立上海市浦东新区。1995 年 4 月，上海浦东海关和外高桥保税区海关正式开关。2005 年 5 月，国务院批准浦东新区进行综合配套改革试点。2009 年 3 月，国务院通过《关于推进上海加快发展现代服务业和先进制造业建设国际金融中心和国际航运中心的意见》；4 月，国务院作出《关于同意上海市调整部分行政区划的批复》，同意撤销上海市南汇区，将其行政区域并入上海市浦东新区。二十多年来，浦东不仅已成为上海的新兴高科技产业、现代工业基地和新的经济增长点，也成为中国新时期改革开放的重要标志。1990 年，浦东新区地区生产总值仅约 60 亿元。2013 年，浦东新区地区生产总值达到约 6449 亿元，增长了近 100 倍。

浦东新区以开放促改革促发展，加快建立对内对外全方位开放的市场经济新体制。在市场体系建设和招商引资领域，坚持开放的高起点，力图越过"三来一补"、初加工产业阶段，注意从上海的优势出发，培育和引进具有国际竞争力的产业和大企业，率先把对外开放的重点放在先进制造业和金融、贸易、法律、咨询等服务业领域，着力培育包括银行、证券、商品期货、产权交易等在内的较为完善的国际化的要素市场体系，使浦东成为吸引国际资本、先进技术和企业的大平台。据2013年发布的《浦东新区跨国公司地区总部发展蓝皮书》统计，上海浦东新区集聚了202家跨国公司地区总部、185家研发中心，其中有60家总部具有亚太区管理功能，外资总部经济贡献达2470亿元，浦东已成为跨国公司地区总部在中国最集聚的地区。

浦东新区坚持以经济全球化的视野和先进的国际标准稳步推进各项建设工作。按照把上海建成国际区域性经济、金融、贸易和航运"四个中心"的总体布局，做到基础设施先行、高新技术产业发展先行和金融贸易发展先行。注意按照国际标准进行城市规划和建设，逐步形成枢纽型、功能性、网络化的基础设施体系；坚持突出重点、滚动开发，实现"开发一片、建成一片、投产一片、收效一片"，不断形成阶段性开发重点，加快城市功能的整合和优化，提高开发的效率和效益，形成了以现代服务业和高新技术产业为主导的新型产业体系。

浦东新区在扩大对外开放的同时积极扩大对内开放。从国家对上海在长江三角洲、长江流域和全国发展总体布局的战略定位出发，努力促进浦东、浦西的产业空间布局和产业结构升级协调互动，充分发挥要素市场的集聚和辐射作用，大力支持和促进长江三角洲和长江流域地区经济共同发展，通过积极主动地加强合作交流和对口支援，与长江流域、中西部、东北老工业基地的互动日益紧密，以实现优势互补、联动发展、共同发展，使得上海能在更大的范围、更广阔的空间优化配置各种资源，更好地发挥上海在国内外经济联系中的桥梁和纽带作用，发挥对全国的示范、辐射和带动作用。国内不少地区和一大批企业，也通过浦东这个大平台，走向全国、走向世界。

✧ 五、加快培育新的经济支撑带和增长极

长江三角洲、珠江三角洲、环渤海等增长极的发展实践表明，区域合作具有"1＋1＞2"的效应。近年来，武汉城市圈、长株潭城市群、皖江城市带、成渝经济区等一批新的区域增长极正在加快形成，与长江三角洲一起构成对我国经济发展具有全局性带动作用的长江经济带。

今后一个时期，要着力谋划区域发展新棋局，进一步打破行政区划，由东向西、由沿海向内地，沿大江大河和陆路交通干线，推进梯度发展，推动产业转移，发展跨区域大交通大流通，加强跨区域合作平台建设，着力培育支撑全国经济发展的战略增长极，形成跨行政区的多层次、多形式、多领域合作的新的区域经济增长极。一是依托长江黄金水道建设中国经济新支撑带，支持武汉、长株潭、环鄱阳湖等长江中游城市群一体化发展。二是深入推进首都经济圈一体化发展，加快环渤海地区转型升级。三是推动云南、广西等地向南亚、东南亚开放，支持西北地区向西开放，重点依托长江、珠江—西江、陇海—兰新铁路、哈大铁路等，促进沿江、沿河、沿路桥的联动发展，推进泛珠江三角洲区域合作，着力培育中西部地区新的经济支撑带。

第三节　加快完善区域协调发展机制

党的十八大提出，到 2020 年，区域协调发展机制基本形成。这是继续实施区域发展总体战略的重要内容，也是推动区域协调发展的重要保障。基于以往积累的初步经验，基于转变发展方式的总体要求，基于区域发展和经济社会发展的基本规律，推进形成促进区域协调发展的机制，应当着力在以下三个方面下功夫。

✧　一、加快完善组织推进机制

从国家层面来看，一是继续加强对区域发展的统筹协调和分类指导，制定科学的区域规划和政策，建立健全区域管理和调节体制，处理好规划、监督、资源配置和利益平衡等问题。二是探索建立跨行政区域的沟通协调机制，打破行政垄断、地区封锁，推动资源要素配置范围不断扩大，区域一体化程度不断提高。三是制定实施有利于优化经济结构、地区和城乡发展格局、空间布局的区域财税、金融、环保等政策措施，促进区域间产业、科技、人才等转移，推动各地区发挥比较优势，实现协调发展。四是完善体现科学发展要求和区域发展特点的绩效评估和考核体系，促进区域基本公共服务均等化、贫困地区加快发展。

从地方和部门来看，要牢固树立全局观念，正确处理局部利益与整体利益、当前利益与长远利益的关系，服从服务于区域发展总体战略，立足自身实际，明确发展定位，积极主动作为，共同推动区域协调发展取得新成效。

✧ 二、加快建立互利共赢机制

一是进一步完善税收、投资、金融、产业等政策，引导和鼓励国有、民营等各类企业发挥各自优势，积极参与和促进区域协调发展。二是完善生态环境质量与区域间影响的评价体系，探索建立市场化生态补偿机制。三是推进形成灵活反映市场供需关系、资源稀缺程度和环境损害成本的资源性产品价格形成机制，促进结构调整、资源节约和环境保护。四是探索形成合理的利益分配与成果分享机制，推进产业跨地区转移承接和资源要素流动。建立粮食等重要产品生产、流通等的利益分配与补偿机制，促进区际合理分工和均衡发展。五是着力打破条块分割和地区界限，创造统一、公平、竞争、有序的开放市场环境，促进区域间生产要素合理流动和优化配置，为区域协调发展提供更好的合作平台和要素保障。

✧ 三、加快完善互助合作机制

一是立足各区域优势和特点，开展多层次、多领域的区域合作，取长补短，互利互惠，进一步提高区域合作水平和实效，探索建立制度化、长效化的区域合作机制，实现优势互补、共同发展。二是充分运用合作共建、政策引导等途径，促进在互利共赢基础上的对口支援与帮扶，通过智力支持、共建园区、项目合作等方式，拓宽东部地区对口支援领域，创新支援形式，完善支援体系，帮助中西部地区提高自我发展能力。三是更加注重扶持革命老区、民族地区、边疆地区、贫困地区解决经济社会发展中的特殊困难，不断改善人民生产生活条件。四是探索建立互利共赢、多元平衡的合作机制，促进对内对外开放。

▌ 本章小结 ▌ ·············

　　促进区域协调发展，是全面建成小康社会的重大战略任务，也是转变经济发展方式的重要内容，关系国家长治久安和中华民族伟大复兴。新世纪以来，西部大开发、东北地区等老工业基地振兴、中部崛起、东部率先发展等重大战略付诸实施，区域发展协调性进一步增强。但我国区域发展不平衡问题依然突出。当前和今后一个时期，要充分发挥各地区比较优势，继续实施区域发展总体战略，促进区域协调发展。

名 词 解 释

　　均衡发展战略：从新中国成立初期到改革开放三十多年时间里，我们党根据当时国内国际形势，制定了区域经济均衡发展战略，即把生产力落后的内地作为经济建设的重点，通过生产力的均衡布局，缩小沿海与内地的差距，追求地区的同步发展和自成体系。这一战略的核心内容是"均衡布局、共同富裕"。

　　沿海发展战略：即我们党在 20 世纪 80 年代中后期提出的沿海地区经济发展战略，主要内容包括：继续巩固和发展已经形成的对外开放格局，充分发挥沿海开放地带的作用，逐步建立起更加开放的外向型经济结构，并适应对外开放和对外经济发展战略的需要，进一步加快和深化外贸体制改革；沿海比较发达的省市要在发展外向型经济中走在前头，充分利用劳动力资源丰富和成本较低的优势，实行"两头在外"，积极扩大劳动密集型产品和劳动与技术密集型产品的加工出口，增加出口创汇，大力发展"三资"企业；

重视利用沿海农村劳动力的优势和现有乡镇企业的基础，发展外向型企业和创汇农业；大力发展沿海和内地的横向经济联合，积极向内地转让技术、管理经验和输送人才，带动中部和西部地区的经济发展。

区域发展总体战略：为解决我国区域发展不平衡问题，充分发挥各地区比较优势，充分调动各地区发展积极性，我们党从我国基本国情出发，提出了区域发展总体战略。2005年10月，党的十六届五中全会提出，继续推进西部大开发，振兴东北地区等老工业基地，促进中部地区崛起，鼓励东部地区率先发展。党的十八大进一步强调，继续实施区域发展总体战略，充分发挥各地区比较优势，优先推进西部大开发，全面振兴东北地区等老工业基地，大力促进中部地区崛起，积极支持东部地区率先发展。

思 考 题

1. 如何看待区域发展不平衡问题？
2. 我国区域发展总体战略的主要内容是什么？

第 八 章

积极稳妥扎实推进新型城镇化

城镇化是伴随工业化发展，非农产业向城镇集聚、农村人口向城镇集中的自然历史过程，是人类社会发展的客观趋势，是现代化的必由之路。我国正处于城镇化快速发展的关键时期，与原有经济发展方式相联系的城镇化道路，造成城镇化滞后于工业化、人口城镇化滞后于土地城镇化、能源资源消耗过高等诸多问题。推进新型城镇化与加快形成新的经济发展方式一脉相承，既是转方式、调结构的重点，又体现了新的经济发展方式的新要求，对我国未来发展具有重大的现实意义和深远的历史意义。

第一节　推进新型城镇化是加快转变经济
发展方式的重要着力点

改革开放以来，我国城镇化经历了起点低、速度快的发展过程，城镇人口大幅提升，城市建设取得长足进展，但也积累了不少矛盾和问题。

◇ 一、改革开放以来我国城镇化发展历程

1978—2013年，我国城镇常住人口从1.72亿人增加到7.31亿人，城镇化率从17.92%提升到53.73%，年均提升1.02个百分点；城市数量从193个增加到658个，建制镇数量从2173个增加到20113个。京津冀、长江三角洲、珠江三角洲三大城市群蓬勃发展，以2.8%的国土面积集聚了18%的人口，创造了36%的国内生产总值，成为带动我国经济快速增长、参与国际经济合作与竞争的经济核心区。与此同时，大中小城市水、电、路、气、信息网络等基础设施显著改善，教育、医疗、文化体育、社会保障等公共服务水平明显提高，人均住宅、公园绿地面积大幅增加。城镇化的快速推进，吸纳了大量农村劳动力转移就业，提高了城乡生产要素配置效率，推动了国民经济持续快速发展，带来了社会结构深刻变革，促进了城乡居民生活水平全面提升。

1978—2013年我国常住人口城镇化率

数据来源：国家统计局。

❖ 二、我国城镇化进程中存在的突出矛盾和问题

长期以来，我国城镇化水平滞后于工业化进程，城镇化质量不高，特别是由于不合理的经济发展方式的制约，我国城镇化积累了不少问题和矛盾。

一是农业转移人口市民化进程滞后。目前农民工已成为我国产业工人的主体，受城乡分割的户籍制度影响，被统计为城镇人口的2.34亿农民工及其随迁家属，未能在教育、就业、医疗、养老、保障性住房等方面享受与城镇居民同等的基本公共服务和市民权利。反映出产业集聚与人口集聚不同步，城镇化滞后于工业化。这也造成城镇内部出现新的二元结构矛盾，农村留守儿童、空巢老人问题日益凸显，给经济社会发展带来诸多风险隐患。

二是土地城镇化快于人口城镇化。一些地方城镇建设规模扩张过快、占地过多，脱离实际建设宽马路、大广场，新城新区、开发区和工业园区占地过大，城郊大量农田被侵占，盲目"摊大饼"问题突出。同时，城镇用地结构很不合理，工业用地偏多、居住用地偏少，建设用地偏多、生态用地偏少，城镇建设用地集约化程度亟待提高。

三是城镇布局和规模与资源环境承载能力不匹配。许多城市资源环境承载能力已经减弱，水资源、土地资源和能源不足，环境污染等问题凸显，特别是东部一些城镇密集地区资源环境约束加剧；而中西部资源环境承载能力较强地区，城镇化潜力又有待挖掘。部分城镇密集区、城市群布局不尽合理，中心城市功能不完善，城市群集聚效应不高，特别是部分特大城市人口规模与资源环境综合承载能力的矛盾在加剧，持续发展的压力在加大；但一些中小城市集

聚产业和人口不足，潜力没有得到充分发挥。城镇空间分布和规模结构不合理，增加了经济社会和生态环境成本。

四是城镇化进程中财政金融风险凸显。相当一部分城市建设规模和速度超出财力，城市建设资金普遍靠借债和转让土地的收入支撑，城市政府债务负担过重，部分城市债务率甚至超过200%。大量债务靠土地抵押融资、靠转让土地还本付息，有的地方政府和企业圈地、囤地。寅吃卯粮、过度依赖土地财政的严重状况，导致财政和金融风险不断积累。

五是城市管理服务水平不高。城市社会治理体制和水平滞后于人口流动、社会结构变化、利益诉求多样化的趋势，社会各方有序参与城市治理的机制没有形成。不少城市重经济建设、轻环境保护，重城市建设、轻管理服务，一些地方"城市病"比较明显，交通拥堵问题严重，城市管理运行效率不高，公共服务供给能力不足，城中村和城乡结合部等外来人口聚集区人居环境较差，社会稳定面临诸多挑战。

六是自然、历史、文化遗产保护不力。一些城市景观结构与所处区域的自然地理特征不协调，部分城市贪大求洋、照搬照抄，脱离实际建设国际大都市，"建设性"破坏不断蔓延，城市的自然和文化个性严重受损。一些农村地区大拆大建，照搬城市小区模式建设新农村，简单用城市元素与风格取代传统民居和田园风光，导致乡土特色和民俗文化流失。

◇ 三、走中国特色新型城镇化道路的历史必然性

从国际环境看，在全球经济再平衡和产业格局再调整的背景

下，全球供给结构和需求结构正在发生深刻变化，庞大生产能力与有限市场空间的矛盾更加突出，国际市场竞争更加激烈，发达国家能源资源消费总量居高不下，人口庞大的新兴市场国家和发展中国家对能源资源的需求迅速膨胀，全球资源供需矛盾和碳排放权争夺更加尖锐，我国能源资源和生态环境面临的国际压力前所未有，传统高投入、高消耗、高排放的工业化、城镇化发展模式难以为继。

从国内形势看，随着我国农业富余劳动力减少和人口老龄化程度加剧，主要依靠劳动力廉价供给推动城镇化快速发展的模式不可持续；随着资源环境瓶颈制约日益加剧，主要依靠土地等资源粗放消耗推动城镇化快速发展的模式不可持续；随着户籍人口与外来人口公共服务差距造成的新城乡二元结构矛盾日益凸显，主要依靠非均等化基本公共服务压低成本推动城镇化快速发展的模式不可持续。工业化、信息化、城镇化和农业现代化发展不同步，导致农业根基不稳、城乡区域差距过大、产业结构不合理等突出问题。由此可见，我国城镇化发展由速度型向质量型转型势在必行。

与此同时，我国城镇化转型发展的基础条件也日趋成熟。改革开放三十多年来我国经济快速增长，为城镇化转型发展奠定了良好的物质基础。国家着力推动基本公共服务均等化，为农业转移人口市民化创造了条件。交通运输网络的不断完善、节能环保等新技术的突破应用，以及信息化的快速推进，为优化城镇化空间布局和形态，推动城镇可持续发展提供了有力支撑。各地在城镇化方面的改革探索，也为创新体制机制积累了经验。因此，推进新型城镇化不仅是大势所趋，也可以说是因势利导、乘势而上。

第二节　积极稳妥推进新型城镇化的基本思路

城镇化是一个自然历史过程，是我国发展必然要经历的经济社会发展过程，既然是自然历史过程和经济社会发展过程，我们就必须从我国社会主义初级阶段基本国情出发，遵循规律，因势利导，使之成为一个顺势而为、水到渠成的发展过程。当前，我国正处于城镇化率30%—70%的快速发展区间，根据世界城镇化发展普遍规律，未来10—20年，我国城镇化率将快速上升。但另一方面，从我国仍处于社会主义初级阶段这个最大的实际出发，我国城镇化面临着人口多、资源相对短缺、生态环境比较脆弱、城乡区域发展不平衡等诸多制约，传统粗放的城镇化模式，会带来产业升级缓慢、资源环境恶化、社会矛盾增多等诸多风险。因此，我国城镇化必须进入以提升质量为主的转型发展新阶段，走中国特色新型城镇化道路。

《国家新型城镇化规划（2014—2020年）》提出，推进新型城镇化要高举中国特色社会主义伟大旗帜，以邓小平理论、"三个代表"重要思想、科学发展观为指导，紧紧围绕全面提高城镇化质量，加快转变城镇化发展方式，以人的城镇化为核心，有序推进农业转移人口市民化；以城市群为主体形态，推动大中小城市和小城镇协调发展；以综合承载能力为支撑，提升城市可持续发展水平；以体制机制创新为保障，通过改革释放城镇化发展潜力，走以人为本、四化同步、优化布局、生态文明、文化传承的中国特色新型城镇化道路，促进经济转型升级和社会和谐进步，为全面建成小康社会、加快推进社会主义现代化、实现中华民族伟大复兴的中国梦奠定坚实基础。

相比传统粗放的城镇化道路，中国特色新型城镇化道路具有丰富的内涵，所谓"新"主要体现在以下五个方面。

（一）**中国特色新型城镇化是以人为本的城镇化**。这是中国城镇化的本质属性。我国一些地区城镇化过程中，不同程度地存在"重物轻人""见物不见人"的现象，由此产生一系列问题。不能把城镇化简单等同于城市建设，而是要围绕人的城镇化这一核心，实现产业结构、就业方式、人居环境、社会保障等一系列由"乡"到"城"的转变。坚持以人为本，就是要合理引导人口流动，有序推进农业转移人口市民化，稳步推进城镇基本公共服务常住人口全覆盖，不断提高人口素质，在城镇化过程中促进人的全面发展和社会公平正义，使全体居民共享现代化建设成果。

（二）**中国特色新型城镇化是四化同步的城镇化**。这是中国城镇化的时代特色。工业化是主动力，信息化是融合器，城镇化是大平台，农业现代化是根本支撑。城镇化与工业化、信息化和农业现代化同步发展，是现代化建设的核心内容，彼此相辅相成。坚持四化同步，就是要推动信息化和工业化深度融合、工业化和城镇化良性互动、城镇化和农业现代化相互协调，促进城镇发展与产业支撑、就业转移和人口集聚相统一，促进城乡要素平等交换和公共资源均衡配置，形成以工促农、以城带乡、工农互惠、城乡一体的新型工农、城乡关系。

（三）**中国特色新型城镇化是优化布局的城镇化**。这是中国城镇化的内在要求。我国城镇化布局与资源环境承载力之间的矛盾日渐突出，面临可持续发展的严峻挑战。我国人均耕地仅为世界平均水平的40%，宜居程度较高的地区只占陆地国土面积的19%，水资源、能源资源等人均水平低、空间分布不均，生态环境总体脆弱，这对城镇化空间布局提出了更高要求。坚持优化布局，就是要根据资源环境承载能力构建科学合理的城镇化宏观布局，以综合交通网络和信息网络为依托，科学规划建设城市群，严格控制城镇建设用地规模，严格划定永久基本农田，合理控制城镇开发边界，优化城市内部空间结构，促进城市紧凑发展，提高国土空间利用效率。

（四）**中国特色新型城镇化是生态文明的城镇化。**这是中国城镇化的必然选择。实现可持续发展是世界各国的共同追求，更是建设美丽中国的内在要求，成功的城镇化必须是人与自然和谐相处的城镇化。但目前，我国一些城市重经济发展、轻环境保护，导致大气、水、土壤等环境污染加剧，生态环境受到破坏。推进城镇化不能造成水体污染、雾霾频发，而是要节能减排、绿色低碳，使城市成为天蓝、地绿、水净的美好家园。坚持生态文明，就是要把生态文明理念全面融入城镇化进程，着力推进绿色发展、循环发展、低碳发展，节约集约利用土地、水、能源等资源，强化环境保护和生态修复，减少对自然的干扰和损害，推动形成绿色低碳的生产生活方式和城市建设运营管理模式。

（五）**中国特色新型城镇化是文化传承的城镇化。**这是中国城镇化的应有之义。当今世界正处于大发展大变革大调整时期，各种思想文化交流交融交锋更加频繁，文化在综合国力竞争中的地位和作用更加凸显。中华文化源远流长，是无比珍贵的财富，也是我们屹立世界民族之林的重要支撑。城市是文化融合的平台，是人们的精神家园，城镇化过程中要创造性地保护和传承好历史文化。

▲ 福建省晋江市在城市改造中保留下来的传统街区五店市，保存了明清以来闽南特色建筑近百座
　　　　　　　　　　　　　　　　　　　　　　　（新华社发　张国俊／摄）

坚持文化传承，就是要根据不同地区的自然历史文化禀赋，体现区域差异性，提倡形态多样性，防止千城一面，发展有历史记忆、文化脉络、地域风貌、民族特点的美丽城镇，形成符合实际、各具特色的城镇化发展模式。

第三节　推进新型城镇化的主要任务

《国家新型城镇化规划（2014—2020 年）》提出了我国新型城

镇化发展的主要目标：城镇化水平和质量稳步提升，城镇化格局更加优化。城市发展模式科学合理，城市生活和谐宜人，城镇化体制机制不断完善。2014年的政府工作报告提出，推进以人为核心的新型城镇化，今后一个时期，要着重解决好现有"三个1亿人"问题，促进约1亿农业转移人口落户城镇，改造约1亿人居住的城镇棚户区和城中村，引导约1亿人在中西部地区就近城镇化。围绕实现这些发展目标，重点要抓好五大战略任务。

◇ 一、有序推进农业转移人口市民化

解决好人的问题是推进新型城镇化的关键。城镇化要以人为本、以人为核心，要按照尊重意愿、自主选择、因地制宜、分类推进、存量优先、带动增量的原则，以农业转移人口为重点兼顾其他常住人口，统筹户籍制度改革和基本公共服务均等化，把促进有能力在城镇稳定就业和生活的常住人口有序地实现市民化作为首要任务。一方面，要通过实施差别化的落户政策，全面放开县级城和小城市落户限制，有序放开城区人口50万—100万的城市落户限制，合理放开城市人口100万—300万的大城市的落户限制，合理确定城区人口300万—500万的大城市的落户条件，严格控制城区人口500万以上的特大城市人口的规模。到2020年努力实现1亿左右农业转移人口和其他常住人口在城镇落户。另一方面，要通过建立居住证制度，以居住证为载体，与居住年限等条件挂钩，稳步推进城镇的义务教育、就业服务、基本养老、基本医疗、保障性住房等公共服务覆盖城镇常住人口。

▲ 青岛西海岸新区一角　　　　　　　　　　　　　　　　（新华社发　刘积舜／摄）

✧　二、优化城镇化布局和形态

根据《国家新型城镇化规划（2014—2020年）》，到2020年我国城镇人口预期将达到8.5亿人左右，合理引导东中西部地区大中小城市之间的关系，使人口、经济与资源环境相互协调，这关系到中国现代化建设的大局。要优化提升东部地区的城市群，培育发展中西部地区的城市群，构建以陆桥通道、沿长江通道为两条横轴，以沿海、京哈京广、包昆通道为三条纵轴，以轴线上城市群和节点城市为依托、其他城镇化地区为重要组成部分的"两横三纵"城镇化战略格局，依靠特大城市和大城市，通过综合交通运输网络的连接，增强城市群内部的城市和小城市产业功能、集聚功能和服务功能，把有条件的县城、重点镇、重要边境口岸发展成为中小城市。

✧ 三．提高城市可持续发展能力

必须加快转变城市的发展方式，优化城市空间结构和管理格局，增强城市经济、基础设施、公共服务和资源环境对人口的承载能力，有效预防和治理"城市病"，建设和谐宜居、富有特色、充满活力的现代城市。根据城市资源环境承载能力、要素禀赋和比较优势，调整优化城市产业布局和结构，培育发展各具特色的城市产业体系，扩大城市就业容量。加强市政公用设施和公共服务设施建设，增加基本公共服务供给，增强对人口集聚和服务的支撑能力。改造提升中心城区功能，严格规范新城新区建设，提高城市空间利用效率，改善城市人居环境。提高城市规划科学性，健全规划管理体制机制，提高城市规划管理水平和建筑质量。推进创新城市、绿色城市、智能城市和人文城市的建设，全面提高城市内在品质。完善城市治理结构，创新城市管理方式，提升城市的社会治理水平。

📚 延伸阅读

有效预防和治理"城市病"

"城市病"问题是一个世界性的难题，大多数国家在城市化高速发展阶段，都会经历城市规模快速扩张、人口急剧膨胀所引发的交通拥堵、房价高涨、环境污染等一系列"城市病"。比如，日本为了提高国土使用效率，推行"空间集聚式城镇化"，在核心城市聚集了大量人口，目前约有 25% 的日本人生活在东京。人口过度集聚、土地资源高密度开发的模式，导致核心城市地价暴涨、一般居民住房困难、环境污染和交通拥堵等突出问题。英国的伦敦、美国的纽约、韩国的首尔等都是如此。这些国家治理"城市病"的手段，概括起来，主要有以下几条途径：一是通过推进城市功能疏解，引导人口的合理分散；二是通过完善立体公共交通体系，化解城市交通拥堵；三是通过建立多样化、多层次的住房保障体系，化解住房难题。

近年来，我国城镇化过程中"城市病"日益显现，突出表现在大城市特别是特大城市交通拥堵、房价飙升、环境污染、公共服务和基础设施严重滞后等，相比国外，我国"城市病"发生时间早、程度也较深。预防和治理"城市病"，需要综合施策。第一，对部分人口超载的特大城市，需要疏解功能，特别是经济功能，引导人口和产业由中心城区向周边和其他城镇转移。特别是对 500 万以上人口的城市更需要进行有效控制。第二，对大多数城市来说，要提高城镇综合承载能力，完善市政公用设施，提升公共服务水平。第三，为化解交通拥堵问题，需要优先发展城市公共交通，构建以公共交通为主体的城市机动化出行系统。第四，要加快推进绿色城市建设，推进城市环境综合整治，改善生态环境质量。

◇ 四、推动城乡发展一体化

　　城乡发展一体化是新型城镇化的最终目标之一，未来中国城镇化率即使达到 70% 左右，仍然将有 4 亿—5 亿人口生活在农村，因此新型城镇化与新农村建设要相辅相成，与城乡发展一体化要统筹协调，让广大农民平等参与现代化的进程、共同分享现代化成果，要坚持工业反哺农业、城市支持农村的方针，推进城乡统一要素市

▲ 海南省琼海市万泉镇景色

（新华社发　郭程／摄）

场建设，推进城乡规划基础设施和公共服务一体化，加快消除城乡二元结构的体制机制障碍。同时，为确保国家粮食安全，城镇化进程中必须牢牢守住耕地红线，加快推进农业现代化。总之，要让广大农民平等参与现代化进程、共同分享现代化成果，建设农民幸福生活的美好家园。

◇　五、完善新型城镇化发展的体制机制

国内外实践表明，成功的城镇化既是市场主导、自然发展的过程，又是政府引导、科学发展的过程，走中国特色新型城镇化道路，必须正确处理好政府和市场的关系。一方面，要充分发挥市场配置资源的决定性作用，不能违背市场规律，以行政方式、长官意志拔苗助长、"人为造市"。另一方面，城镇化又涉及自然资源、生态环境、公用事业、社会管理等诸多领域，存在市场失灵的情况，要求更好发挥政府作用。因此，推进新型城镇化要坚持市场主导、政府引导，加强顶层设计，统筹推进人口、土地、资金、住房和生态环境等重点领域的体制机制改革，加快形成有利于新型城镇化发展的制度环境。

一是推进人口管理制度改革。建立城乡统一的户口登记制度，体现户籍制度的人口登记管理功能，建立与统一城乡户口登记制度相适应的教育、卫生计生、就业、社保、住房、土地及人口统计制度。建立居住证制度，以居住证为载体，建立健全与居住年限等条件相挂钩的基本公共服务提供机制。健全人口信息管理制度，加强和完善人口统计，建立健全实际居住人口登记制度，建设和完善覆盖全国人口、以公民身份证号码为唯一标识、以人口基础信息为基

▲ 北京海淀北坞村通过城乡一体化改造，由城中村变身城市绿肺 （新华社发）

准的国家人口基础信息库，逐步实现跨部门、跨地区信息整合和共享，为制定人口发展战略和政策提供信息支持，为人口服务和管理提供支撑。

二是深化土地管理制度改革。提高土地利用效率，根本上要靠制度改革。要按照管住总量、严控增量、盘活存量的原则，严格控制新增城镇建设用地规模，严格执行城市用地分类与规划建设用地标准，探索实行城镇建设用地增加规模与吸纳农业转移人口落户数量挂钩、与城镇低效用地再开发挂钩的激励约束机制。在坚持和完善最严格的耕地保护制度前提下，赋予农民对承包地享有占有、使用、收益、流转及承包经营权抵押、担保权能。要进一步改革完善农村集体建设用地和宅基地制度。

三是创新城镇化资金保障机制。财力是城市发展的生命线，推进城镇化必须建立多元可持续的资金保障机制。要完善财政转移支付制度，建立财政转移支付同农业转移人口市民化挂钩机制，中央和省级财政安排转移支付要考虑常住人口因素。完善地方税体系，培育地方主体税种，增强地方政府提供基本公共服务能力。认真落实国务院《关于加强地方政府性债务管理的意见》，赋予地方政府依法适度举债融资权限，加快建立规范的地方政府举债融资机制，有效发挥地方政府规范举债的积极作用，同时防范和化解财政金融风险。发挥现有政策性金融机构的重要作用，研究制定政策性金融专项支持政策，研究建立城市基础设施、住宅政策性金融机构。放宽准入、完善监管，制定非公有制企业进入特许经营领域的办法，鼓励社会资本参与城市公用设施投资运营。

四是健全城镇住房制度。解决好住有所居问题是实现居民安居乐业的重要前提。要加快构建以政府为主提供基本保障、以市场为主满足多层次需求的住房供应体系；要建立各级财政保障性住房稳定投入机制，不断完善租赁补贴制度；要通过调整完善住房、土地、财税、金融等方面政策，构建房地产市场调控长效机制。

五是强化生态环境保护制度。要实现城市让生活更美好，就必须改善生态环境质量，完善推动城镇化绿色循环低碳发展的体制机制，形成节约资源和保护环境的空间格局、产业结构、生产方式和生活方式。要建立健全生态文明考核评价机制、国土空间开发保护制度、资源有偿使用制度和生态补偿制度、国家自然资源资产管理体制、资源环境产权交易机制。实行最严格的环境监管制度，建立区域间环境联防联控机制，健全生态环境保护责任追究制度和环境损害赔偿制度。

▍本章小结 ▍········

城镇化是伴随工业化发展，非农产业向城镇集聚、农村人口向城镇集中的历史过程。改革开放以来，我国城镇化水平有了很大提升，但也存在土地城镇化快于人口城镇化、农业转移人口市民化进程滞后、城镇空间分布和规模结构不合理等突出矛盾和问题。当前，我国已进入全面建成小康社会的关键时期，正处于城镇化快速发展阶段，必须深刻认识城镇化对于加快转变经济发展方式、保持经济社会持续健康发展、促进社会全面进步的重大意义，牢牢把握城镇化蕴含的巨大机遇，妥善应对城镇化面临的风险挑战。推进新型城镇化要从我国国情出发，以人的城镇化为核心，紧紧围绕提高城镇化质量，走以人为本、四化同步、优化布局、生态文明、文化传承的中国特色新型城镇化道路。

名 词 解 释

常住人口城镇化率：指城镇常住人口占全部人口的比重。所谓城镇常住人口是指在城镇居住 6 个月以上的人口，包括一次性居住 6 个月或是一年之内居住期累计满 6 个月，不管是否拥有城镇户口，只要满足居住时长要求，都属于城镇常住人口范畴。

户籍人口城镇化率：按户籍人口计算，城镇中非农户口的人口数与全国人口数的比例。改革开放以来，随着农村劳动力往城镇大规模流动，不少农村人口已在城镇长期居住，但其中大部分人还是农业户口，没有获得城镇户口，因此，按户籍人口计算的城镇化率比按常住人口计算的城镇化率低很多。

新城乡二元结构：指农村人口进入城镇后，由于户籍上的差异，在就业、居住、文化、教育、医疗、社会保障等基本公共服务方面无法享受与当地城镇户籍人口同等的待遇，由此形成特有的经济和社会结构。新城乡二元结构可以看作是城乡二元结构在城镇的延续，其存在严重阻碍了农业转移人口的市民化进程，也给经济持续健康发展和社会和谐稳定埋下隐患。

✎ 思 考 题

1. 城镇化对当前我国经济社会发展有何重大意义？

2. 走中国特色新型城镇化道路应把握哪些原则？

3. 围绕推进新型城镇化完善体制机制建设的主要任务包括哪些？

第 九 章

推动城乡发展一体化

城乡发展不平衡不协调，是我国经济社会发展存在的突出矛盾，是加快转变经济发展方式的重要内容，是全面建成小康社会、加快推进社会主义现代化必须解决的重大问题。改革开放以来，我国农村面貌发生了翻天覆地的变化。但城乡二元结构没有根本改变，城乡发展差距不断拉大的趋势没有根本扭转。解决这些问题，必须加快转变农业农村发展方式，加快推动城乡发展一体化。

第一节　城乡发展一体化是转变农业农村发展方式的路径和抓手

解决好农业农村农民问题是全党工作的重中之重，城乡发展一体化是转变农业农村发展方式，从而解决"三农"问题的根本途径。对此，可以从以下三个方面来理解。

◇　一、推动城乡发展一体化是构建和谐工农关系、城乡关系的内在要求

从工农关系来看，工业和农业之间存在着内在的、有机的、必然的联系。农业和工业是人类社会发展的两大支柱产业，农业是根本，工业是基础。固本强基，才能顺利推进经济社会发展。从城乡关系来看，农业和城市相互依赖、相互补充、相互促进。农村和城市是人类经济社会活动的两个基本区域。农村的发展，离不开城市的辐射和带动；同样，城市的发展，也离不开农村的支持和促进。城乡发展一体化，就是把工业和农业、城市和农村作为一个有机统一整体，充分发挥工业和城市对农业和农村发展的辐射和带动作用，实现工业与农业、城市与农村协调发展。

当前，我国工农、城乡发展不协调，突出表现在三个方面。一是农业现代化明显滞后，农业发展水平与工业相比差距较大。农业基础依然薄弱，抵抗旱涝、疫情等自然灾害的能力亟待加强。2013年，农业耕种收综合机械化率仅为59%，与农业发达的国家相比存在较大差距。二是农村发展依然滞后。长期以来，对农村基础设施投入不足，农村水、电、路、气、房、环卫建设相对缓慢，农村中小学办学条件差、基本医疗卫生条件落后、公共文化设施不足、社会保障体系不健全，与城镇相比还有较大差距。三是城乡居民收入差距依然较大。尽管农村居民人均纯收入近年来增长较快，但从绝对差距看，缩小城乡收入差距任重道远。2013年，城镇居民人均可支配收入与农村居民人均纯收入之比仍然高达3∶1，城乡居民人均消费水平之比为2.8∶1。

因此，必须坚持工业反哺农业、城市支持农村和多予少取放活

方针，推动城乡发展一体化。只有这样，才能实现农业和农村的健康发展，才能从根本上解决"三农"问题。

▲ 黑龙江垦区农业"立体作业"　　　　　　　　　　（新华社发　陈德刚／摄）

◇　二、推动城乡发展一体化是解决制约我国农业和农村发展深层次矛盾的必由之路

改革开放以来，我国农村经济社会发展取得了举世瞩目的伟大成就，但也面临不少困难和挑战，特别是城乡二元结构造

成的深层次矛盾突出。1954 年，英国经济学家刘易斯提出城乡二元结构理论，主要指城市的现代工业部门与农村的传统农业部门并存的经济社会结构。就我国情况来看，城乡二元结构既包括城市现代工业和农村传统农业并存的二元经济形态，也包括城市社会和农村社会相互分割的二元社会形态，还包括户籍制度在内的一系列政策安排所形成的二元制度结构。我国城乡二元结构的形成与发展，源于经济、社会、体制三大转型：一是从传统农业到现代工业的工业化转型；二是从农村社会到城市社会的城镇化转型；三是从计划经济体制到市场经济体制的市场化转型。

城乡二元结构极大地制约了城乡要素平等交换，扭曲了公共资源均衡配置。一是导致土地资源配置扭曲，城乡土地同地不同权、同地不同价问题突出。二是导致劳动力市场分割，大量进城务工农民与城镇居民同工不同酬。三是导致城乡公共资源配置不均等，城市公共资源和公共服务的供给水平远远超过农村。与此同时，城乡二元结构带来的新矛盾、新问题不断凸显。比如，村庄"空心化"。随着大量青壮年劳动力进城务工，留守儿童、空巢老人越来越多，不仅导致农业劳动力结构性短缺，也容易引发诸多农村社会问题。再比如，新生代农民工缺乏成为城镇正式居民的机会和能力，城镇留不下，农村回不去，成为必须引起重视的社会风险隐患。

制约"三农"问题有效解决的深层次矛盾是城乡二元结构，因此，解决"三农"问题就必须统筹城乡发展，着力破除城乡二元结构，逐步缩小城乡差距，推动城乡发展一体化，这是解决好我国"三农"问题的必然选择。

ⓘ _案 例_

苏州市积极探索破除城乡二元结构

苏州市位于长江三角洲中部，是长江三角洲地区的中心城市之一，下辖6个区、4个县级市。2008年，苏州市被江苏省委、省政府批准为江苏省唯一的城乡一体化发展综合配套改革试点区，并经国务院同意，成为国家发改委城乡一体化综合配套改革联系点、全国农村改革试验区。紧抓此有利机遇，苏州市坚持先行先试努力探索，积极探索破除城乡二元结构的现实路径，使城乡统筹发展水平走在全国前列，为全国探索全面小康社会建设和推进城乡发展一体化作出示范。

苏州实施"三集中""三置换""三大合作"，把综合配套改革突破口集中在如何优化资源配置上。"三集中"，一是工业向规划区集中；二是农业用地向规模经营集中；三是农户向新型社区集中居住。"三置换"，一是将集体资产和个人经营性资产所有权、分配权置换成社区股份合作社股权；二是将土地承包权、经营权置换成土地合作社股权或置换成基本社会保障；三是将宅基地使用权及住房所有权置换城镇住房，或进行货币化置换，或置换成二、三产业用房和股份合作社股权。"三大合作"，一是社区股份合作；二是土地股份合作；三是农民专业合作社。通过上述措施，苏州市积极促进城乡空间融合、资源优化配置，有效地促进了城乡发展一体化水平的提高。

目前，苏州市城乡一体化发展综合配套改革全面深化，农村发展更具活力。苏州市城乡空间布局不断优化，48%的农民实现集中居住，88%的承包耕地实现规模经营，持股农户比例提高到96%。教育、文化、医疗、社保等基本公共服务城乡均等化基本实现，城乡居民在生产生活方式上逐渐一体化。到2012年，农民年人均纯收入连续10年实现两位数增长，2012年达到19396元，位居全国20个主要城市首位，城乡居民收入比1.93∶1，为全国城乡差距最小地区之一。2013年开始，苏州市农村居民养老保险、医疗保险与城市居民实现并轨。加上此前已经完成的城乡"低保"并轨，苏州市已实现城乡居民社会保障"三大并轨"。

◇ 三、推动城乡发展一体化是我们党解决"三农"问题的经验总结

党的十六大把统筹城乡经济社会发展作为全面建设小康社会的重大任务，中央出台了一系列强农惠农富农政策措施。特别是2004—2014年，中央连续出台11个"一号文件"着力解决"三农"问题，以推动城乡一体化为核心的"三农"政策框架逐渐形成，促进农业农村发展和农民增收的政策体系不断健全，一系列多予少取放活和工业反哺农业、城市支持农村的重大政策措施相继出台实施。比如，加大中央预算内投资用于"三农"建设的比重，大幅增加对重大水利工程、农田水利设施、中小型病险水库和中小河流治理的投入，支持改造中低产田，建设高标准农田。又比如，彻底免除农业税，实施农业补贴

政策，建立粮食最低收购价制度，大幅提高农村扶贫标准。随着这些政策措施的逐步落实，我国统筹城乡发展、推进形成城乡经济社会发展一体化的格局初现雏形。农业综合生产能力明显增强，优质农产品比重大幅提高，全国主要农作物良种覆盖率达到95%以上。农村水、电、路、气、房建设取得重大进展，农村生产生活条件明显改善。农民人均纯收入连续多年较快增长，2013年，农民人均纯收入8896元，连续4年出现农民人均纯收入同比增幅高于城镇居民人均可支配收入同比增幅的可喜局面。推动城乡发展一体化是党在解决"三农"问题上多年探索实践的经验总结，为破除城乡二元结构，从根本上解决"三农"问题指明了方向，明确了路径选择。

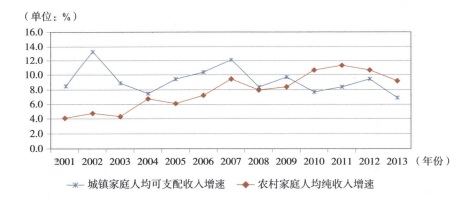

（单位：%）

2001—2013年我国城乡居民年均收入增长情况
数据来源：国家统计局。

第二节　加大统筹城乡发展力度　　转变农业农村发展方式

党的十八大明确指出，要加大统筹城乡发展力度，增强农村发展活力，逐步缩小城乡差距，促进城乡共同繁荣。围绕实现这一目标，要着力在以下三个方面下功夫。

◇ 一、坚持走中国特色农业现代化道路

加快发展现代农业是转变经济发展方式、全面建成小康社会的重要内容。要按照工业化、信息化、城镇化与农业现代化同步发展的要求，以转变农业发展方式为主线，以增强粮食安全保障能力为主要目标，以推进农业结构战略性调整、加快农业科技创新、健全农业社会化服务体系为主攻方向，着力完善现代农业产业体系、提高农业现代化水平，走出一条生产技术先进、经营规模适度、市场竞争力强、生态环境可持续的中国特色新型农业现代化道路。

（一）增强粮食安全保障能力。确保国家粮食安全，保障重要农产品有效供给，是治国理政必须长期坚持的基本方针。增强粮食安全保障能力必须实施以我为主、立足国内、确保产能、适度进口、科技支撑的国家粮食安全战略。要实施最严格的耕地保护政策，稳定粮食播种面积，加强农业基础设施建设，提高农业综合生产能力，确保国家粮食安全和重要农产品有效供给。要完善粮食等重要农产品价格形成机制，健全农产品市场调控方式和调控手段，合理利用国际农产品市场，提高储备吞吐和进出口调节的前瞻性和有效性，确保粮食等主要农产品市场供求平衡。同时，完善粮食生产责任机制，明确中央和地方责任分工，加大"米袋子"省长负责制落实力度，增强全社会节粮意识。

（二）推进农业结构战略性调整。推进农业现代化，必须从国情出发，根据资源禀赋，立足国际国内两个市场，大力推动农业

结构战略性调整，不断优化农业产业结构、产品结构和区域布局。一是完善现代农业产业体系，要以市场需求为导向、科技创新为手段、质量效益为目标，发展高产、优质、高效、生态、安全农业，构建现代农业产业体系。二是优化农业产业布局，科学确定区域农业发展重点，搞好产业布局规划，支持优势产区发展大宗农产品，形成优势突出和特色鲜明的产业带，引导加工、流通、储运设施建设向优势产区聚集。三是提高农业生产经营的组织化程度，培育新型农业经营主体，发展多种形式规模经营，大力提升农业生产的专业化、规模化、集约化、社会化水平。

（三）**加快农业科技创新**。农业发展的根本出路在于科技创新。加快农业科技创新，根本出路在于深化农业科技体制改革。要不断加大农业科技创新投入力度，将农业科技创新作为财政科技投入的优先领域，加强农业科技创新团队建设，组织重大农业科技攻关，通过完善相应政策，引导社会资本进入农业科技创新领域。要大力支持现代农业产业技术体系建设，采取多种方式，引导和支持科研机构与企业联合研发，加大农业科技创新平台基地建设和技术集成推广力度。对具备条件的项目可以推行农业领域国家科技报告制度，明晰和保护财政资助农业科研成果产权，加快发展农业科技成果交易市场。

（四）**健全农业社会化服务体系**。建设覆盖全程、综合配套、便捷高效的社会化服务体系，是发展现代农业的必然要求。要加快构建以公共服务机构为依托，多元主体为基础，公益性服务和经营性服务相结合，专项服务和综合服务相协调的新型农业社会化服务体系。一是加强农业社会化服务能力建设，稳定农业公共服务机构，采取财政扶持、税费优惠、信贷支持等措施，大力发展主体多元、形式多样、竞争充分的社会化服务，扩大农业生产全程社会化服务试点范围。二是培育多元化的农业社会化服务组织，积极扶持农民合作组织、专业技术协会、农民经纪人队伍等，提供多种形式的生产经营服务。三是积极发展农产品流通服务，健全农产品市场体系，加快形成流通成本低、运行效率高的农产品营销网络，推进农村流通现代化。

✧ 二、深入推进新农村建设

社会主义新农村建设是统筹城乡发展的重要举措。要继续按照生产发展、生活宽裕、乡风文明、村容整洁、管理民主的要求，加强农村基础设施建设，改善农村生产生活条件，促进农村社会事业加快发展。

（一）**强化农田水利等基础设施建设**。农田水利设施滞后是当前我国农业发展的短板，加强农田水利建设是推动农业可持续发展的重要途径。要进一步加大投入力度，建立健全各级政府对农田水利建设投入的机制，适当提高水资源费征收标准，落实和完善土地出让收益计提农田水利资金的政策。要着力完善农田水利建设和管护机制，深化水利工程管理体制改革，开展农田水利设施产权制度改革，深入推进水资源管理综合改革，创新运行管护机制，探索农田水利基本建设新机制。要大力推进高标准农田建设，实施全国高标准农田建设总体规划，加快大中型灌区配套改造，扩大小型农田水利重点县覆盖范围，加强水源工程建设和雨洪水资源化利用，提高农业抗御水旱灾害能力。

（二）**全面改善农村生产生活条件**。改善农村人居环境承载了亿万农民的新期待。开展新农村建设，应坚持农民主体地位，尊重农民意愿，突出农村特色，注意保留村庄原始风貌，加快美丽乡村建设。要大力推进农村公路建设，加大道路危桥改造力度，进一步提高通达通畅率和管理养护水平。大力实施农村饮水安全工程，推进农村集中式供水，加强农村能源建设，提升电气化水平，积极发展太阳能、农村沼气等清洁能源。全面推进农村危房改造和国有林区（场）、棚户区、垦区危房改造，实施游牧民定居工程，改善农村住宅条件。

（三）**大力发展农村社会事业**。大力发展农村社会事业，是新农村建设的重要任务，也是提高农村居民素质、开发农村人力资源、建设农民幸福家园的需要。一是加快发展农村义务教育和职业教育。改善办学条件，配强师资力量，设立专项资金对特困地区予以支持；加快建立政府扶助、面向市场、多元办学的培训机制，培养有文化、懂技术、会经营的新型农民，增强农民转产转岗就业的能力。二是大力发展农村医疗卫生和社会保障事业。进一步完善新型农村合作医疗制度，健全农村三级医疗卫生服务网络，加强乡村医生队伍建设。完善农村优抚制度，健全新型农村社会养老保险制度。加强农村最低生活保障的规范管理，加大扶贫开发投入。三是着力发展农村文化事业。加强公共文化设施建设，深入实施农村重点文化惠民工程，建立农村文化投入保障机制，构建农村公共文化服务体系。

◇ 三、保持农民收入持续较快增长

城乡差距以收入差距为核心，推进城乡发展一体化的关键是要

▲ 燕山脚下的新农村　　　　　　　　　　　　　（新华社发　杨世尧／摄）

大力提高农民收入。促进农民增收，要不断巩固提高农村家庭经营收入，着力提升农民工资性收入，合理增加农民财产性收入，扎实推进农村扶贫开发。

（一）巩固提高农民家庭经营收入。家庭经营性收入是农民收入的传统来源和重要组成部分。加快发展现代农业，构建现代农业产业体系，是增加农民家庭经营性收入的根本。充分挖掘农业内部增收潜力，可以从两个方面努力。一方面是推进农业结构调整。鼓励农民优化种养结构，大力推广节本增效技术，积极发展特色、高效、休闲农业和农村服务业，推广农产品精深加工，推进农业经营方式创新，着力挖掘农业全产业链上的价值增长点。另一方面是完善农产品价格支持体系。健全农产品价格保护制度，稳步提高重点粮食品种最低收购价，完善主要农产品临时收储政策，逐步建立农产品目标价格制度。

（二）**着力提升农民工资性收入**。工资性收入已超越家庭经营收入成为农民收入的首要来源，也成为农民收入的主要增长点。加快转移农村富余劳动力，维护农民工依法合理获取劳动报酬等合法权益，是增加农民工资性收入的前提。要加强农民技能培训和就业信息服务，开展劳务输出对接，引导农村富余劳动力平稳有序外出务工。大力促进农民工平等就业，继续改善农民工就业环境，努力实现农民工与城镇就业人员同工同酬，健全农民工权益保障制度。加快发展县域经济，增加县域非农就业机会，促进农民就地就近转移就业，鼓励农民返乡创业，扶持农民以创业带动就业。

（三）**合理增加农民财产性收入**。深化农村产权制度改革是增加农民财产性收入的重要渠道。必须健全农村集体经济组织资金资产资源管理制度，建立归属清晰、权能完整、流转顺畅、保护严格的农村集体产权制度，依法保障农民的土地承包经营权、宅基地使用权、集体收益分配权。要完善农村基本经营制度，真正赋予农民对承包地的占有、使用、收益、流转及承包经营权抵押、担保权能，允许农民以承包经营权入股发展农业产业化经营。要切实保障农户宅基地用益物权，赋予农民对集体资产股份的占有、收益、有偿退出及抵押、担保、继承权等权利，建立健全农村产权流转交易市场，提高农民在产权流转收益中的分配比例。

（四）**扎实推进农村扶贫开发**。改革开放以来，我国扶贫事业取得了巨大成就，但制约贫困地区发展的深层次矛盾依然存在，扶贫开发任务十分艰巨。要坚持开发式扶贫方针，着力巩固和发展专项扶贫、行业扶贫、社会扶贫大扶贫格局，不断提高贫困地区和扶贫对象自我发展能力。要着力完善扶贫开发政策保障体系，加大扶贫投入力度，增加财政扶贫资金和扶贫贷款，逐步提高扶贫标准。进一步加强扶贫开发国际交流与合作，借鉴国际社会在扶贫开发方面的成功经验，积极争取国际组织和发达国家向我国提供的援助性扶贫项目，多渠道提升扶贫开发能力。

第三节　加快完善城乡发展一体化体制机制

破除城乡二元结构，关键要靠深化改革，健全城乡一体化发展的体制机制；重点是加快农业经营制度创新，推进城乡要素市场一体化和公共资源均衡配置。

◇　一、大力推进农业经营组织和制度创新

以家庭承包经营为基础、统分结合的双层经营体制，是适应社会主义市场经济体制、符合农业生产特点的农村基本经营制度，是党在农村政策的基石。完善城乡一体化的体制机制，必须坚持和完善农村基本经营制度，充分发挥农村基本经营制度的优越性。一是坚持农村土地集体所有权，依法维护农民土地承包经营权、宅基地使用权、集体收益分配权。二是坚持家庭承包经营在农业中的基础性地位。家庭经营既是农业生产的基础，也是农村稳定的基础。三是稳定农村土地承包关系并保持长久不变。要研究探索土地承包关系保持稳定并长久不变的具体实现形式，完善相关法律制度，坚持

依法、自愿、有偿原则，引导农村土地承包经营权有序流转。

新型农业经营体系是对农村基本经营制度的丰富和发展。构建集约化、专业化、组织化、社会化相结合的新型农业经营体系，充分体现了现代农业发展的客观要求。要逐步建立起以家庭承包经营为基础，以专业大户、家庭农场为骨干，以专业合作社和龙头企业为纽带，以各类社会化服务组织为保障的新型农业经营体系。当前的重点是培育新型农业经营主体，这是转变农业发展方式的迫切需要，也是农业创新发展的重要支点。新型农业经营主体是指在家庭承包经营制度下，经营规模大、集约化程度高、市场竞争力强的农业经营主体。新型农业经营主体是农业先进生产力的代表，是农业增效、农民增收和农村繁荣的主要力量。要鼓励农村发展合作经济，允许农民以承包经营权入股发展农业产业化经营，鼓励承包经营权在公开市场上向专业大户、家庭农场、农民合作社、农业企业流转。要鼓励和引导工商资本到农村发展适合企业化经营的现代种植业，向农业输入现代生产要素和经营模式，发展多种形式规模经营。同时，适应新型农村经营主体发展需要，要进一步强化农业公益性服务体系，创新农业社会服务的方式和手段，培育农业经营性服务组织，培育发展多元服务主体。

◇ 二、促进城乡要素平等交换和公共资源均衡配置

这是消除城乡二元结构、促进城乡发展一体化既直接又有效的手段，重点是实现"两个一体化"，即城乡要素市场一体化和基本公共服务一体化。

实现城乡要素市场一体化、实现要素在城乡之间自由流动是激

发农村经济社会全面发展的内生动力的关键。必须着力清除城乡间要素市场壁垒，发挥市场配置资源的决定性作用，提高资源配置的有效性和公平性。一是加快建立城乡统一的劳动力市场。大力推进户籍制度改革，特别是改革依附于户籍上的不平等的福利待遇制度，实现城乡劳动者平等就业，促进劳动力跨城乡、跨地区合理流动，有序推进农业转移人口市民化。二是建立城乡统一的建设用地市场。在符合规划和用途管制前提下，允许农村集体经营性建设用地出让、租赁、入股，实行与国有土地同等入市、同权同价。完善土地租赁、转让、抵押二级市场，促进土地有序流转。要加快征地制度改革步伐，逐步缩小征地范围，完善对被征地农民的合理补偿机制，规范城乡建设用地增减挂钩和集体经营性建设用地流转制度，严格征地程序，约束征地行为，保障农民公平分享土地增值收益。三是鼓励要素投向农村建设。维护农民生产要素权益，保障金融机构农村存款主要用于农业农村，完善农业保险制度，鼓励支持金融资本向农村流动。

推进城乡基本公共服务一体化是完善城乡发展一体化体制机制的重要内容。要稳步推进城镇基本公共服务常住人口全覆盖，把进城落户农民完全纳入城镇住房和社会保障体系，在农村参加的养老保险和医疗保险规范接入城镇社保体系。建立财政转移支付同农业转移人口市民化挂钩机制。建立基本公共服务综合评估制度，督促各地落实基本公共服务项目国家标准。建立并完善城乡基层公共服务平台，持续推进社区服务体系建设，不断改善教育、卫生、文化、民政等公共服务领域基础设施条件，重点向薄弱地区、薄弱领域倾斜，促进公共服务资源在城乡之间的均衡配置。

ⓘ _ **案 例** _

成都市统筹城乡发展的实践

　　成都市是统筹城乡综合配套改革、探索城乡一体化道路的代表性城市之一。城乡二元结构突出地表现为城乡二元体制，障碍主要在城乡公共资源配置不均衡。2003 年，成都市将城乡一体化作为全市的重大战略部署，率先揭开了统筹城乡发展的序幕；2007 年，成都市被国务院批准为全国统筹城乡综合配套改革试验区，为加快统筹城乡发展提供了重大的历史机遇。成都历时十多年的统筹城乡改革发展，是一场涉及城乡经济和社会结构的历史性变革。

　　成都市以经济市场化、管理民主化、社会公平化改革为取向，统筹推进经济建设、政治建设、文化建设、社会建设和生态文明建设五位一体科学发展总体战略，实行工业向集中发展区集中、农民向城镇集中、土地向规模经营集中，不断推进城乡规划一体化、产业发展一体化、市场体制一体化、基础设施一体化、公共服务一体化、管理体制一体化，组织实施了农村土地综合整治、农村产权制度改革、村级公共服务和社会管理改革、农村新型基层治理机制建设"四大基础工程"，探索实践新型城市化、新型工业化、农业现代化联动发展的城乡同发展共繁荣道路。几年来，已经初步建立起了促进城乡经济社会发展一体化制度的基本框架。

　　成都市城乡发展一体化取得了巨大的成就。2005 年，在全国率先将新型农村合作医疗、城镇居民基本医疗保险等统一为城乡居民基本医疗保险，到现在已经初步实现了社会保障制度城乡并轨。2008 年，以"还权赋能"为核心启动农村产权制度改革，到现在已基本完成农村土地和房屋确权颁证，建立健全现代农村产权制度。2003 年农业人口占总人口 63%，到 2012 年新型城镇化率达到 60.2%，城镇化平稳较快发展。2003 年，城乡收入比为 2.64：1，到 2012 年降到 2.36：1，收入差距扩大的趋势得到遏制。

■ 本章小结 ■ ·············

本章深入分析了推进城乡发展一体化的必要性和重大意义，在总结我国统筹城乡发展的成绩和不足的基础上，提出了推进城乡发展一体化、解决"三农"问题的主要任务和措施。

名 词 解 释

城乡二元结构：指维持城市现代工业和农村传统农业二元经济形态，以及城市社会和农村社会相互分割的二元社会形态的一系列制度安排所形成的制度结构，包括城乡二元经济结构和城乡二元社会结构。城乡二元结构使一国国内存在着现代城市与落后农村两个不同质的相互独立运行的社会单元。以工业部门为代表、生存条件相对优越、拥有现代生产生活方式、具有现代观念的发达城市地区和以农业部门为代表、生存条件相对恶劣、拥有传统生产生活方式、保有传统观念的落后农村地区分别代表了现代工业文明和传统农业文明两个不同的人类文明发展水平。

城乡发展一体化：指实现城乡人口、技术、资本、资源等要素相互融合，互为资源，互为市场，互相服务，逐步达到城乡在经济、社会、文化、生态上协调发展的过程。推进城乡发展一体化，要着力在城乡规划、基础设施、公共服务等方面推进一体化，促进城乡要素平等交换和公共资源均衡配置，形成以工促农、以城带乡、工农互惠、城乡一体的新型工农、城乡关系。

新型农业经营体系：指在坚持和完善农村基本经营制度的前提下，以农户家庭经营为基础、以合作与联合为纽带、以社会化服务为支撑的立体式复合型现代农业经营体系。构建新型农业经营体系，要求落实农村土地集体所有权，维护农户土地承包经营权、宅基地使用权、集体收益分配权，发展农民专业合作和股份合作，培育新型经营主体。

现代农业：相对于传统农业而言，是广泛应用现代科学技术、现代工业提供的生产资料和科学管理方法进行生产的社会化农业。在按农业生产力性质和水平划分的农业发展史上，属于农业的最新阶段。现代农业包括两方面主要特征：一是农业生产的物质条件和技术的现代化，利用先进的科学技术和生产要素装备农业，实现农业生产机械化、电气化、信息化、生物化和化学化；二是农业组织管理的现代化，实现农业生产专业化、社会化、区域化和企业化。

思考题

1. 为什么说城乡发展一体化是解决"三农"问题的根本途径？

2. 如何促进城乡要素平等交换和公共资源均衡配置？

第 十 章

全面提高开放型经济水平

当前和今后一个时期，全球经济结构将继续面临深度调整，围绕市场、资源、人才、技术、标准等方面的竞争日趋激烈，我国发展面临的外部环境更加复杂严峻。同时，国内经济增长面临的资源环境瓶颈制约加剧，传统的对外经济发展方式已经难以为继。在这样的大背景下，必须实行更加积极主动的开放战略，加快转变对外经济发展方式，不断完善互利共赢、多元平衡、安全高效的开放型经济体系，核心是着力增强全球投资谋划能力，着力提升参与全球治理的能力，积极拓展对外发展新空间，努力在风云变幻的国际环境中谋取更大的国家利益。

第一节　全面提高开放型经济水平是加快转变经济发展方式的重要途径

改革开放以来，我国坚持对外开放的基本国策，不断拓展对外开放的广度和深度，实现了从封闭半封闭到全方位开放的伟大历史转折。对外开放为我国经济社会发展注入新的动力和活力，显著提升了我国的综合国力、国际竞争力和国际影响力。

✧ 一、开放型经济稳步发展

无论是在对外贸易还是在吸引外资、对外投资等方面，我国都取得巨大成就。

一是对外贸易蓬勃发展。1979—2013 年，我国外贸总额以年均 20.7%的速度快速增长，比同期世界贸易增速高 15 个百分点。2008 年国际金融危机爆发以来，我国积极促进贸易平衡发展，大力实施外贸多元化战略，有效应对外需低迷的冲击。2013 年，我国跃居世界第一贸易大国，货物贸易进出口总额 4.16 万亿美元。高耗能和高排放产品出口得到有效控制，机电产品和高新技术产品出口持续增长。

二是利用外资量质齐升。我国已经连续 21 年成为利用外资最多的发展中国家。2013 年，我国实际使用非金融类外商直接投资 1176 亿美元，已连续 4 年稳定在千亿美元以上，全球排名第二。利用外资的方式更加多元，产业结构日益优化，2013 年，我国服务业实际使用外资占实际使用外资总额的比重首次过半。

三是"走出去"步伐稳健。我国已成为世界三大对外投资国之一。2013 年，我国非金融类境外直接投资 902 亿美元，比 2008 年增长 122%。截至 2013 年年底，我国累计非金融类境外直接投资 5257 亿美元。对外承包工程和劳务合作扎实开展，2013 年，我国对外承包工程业务完成营业额 1371 亿美元，比 2008 年增长 142%；对外劳务合作派出各类劳务人员 52.7 万人，比 2008 年增长 23.4%。

▲ 正在进行空客 A320 飞机总装的空客飞机天津总装厂　　　（新华社发　刘海峰／摄）

✦ 二、发展开放型经济成效明显

一是促进经济增长和就业增加。2013 年，我国外贸进出口总额占国内生产总值比重为 45.4%，外汇储备余额达 3.82 万亿美元。目前，我国外贸领域吸纳就业超过 8000 万人，外商投资企业吸纳就业 4500 万人，成为城镇居民和农民工就业的重要渠道。服务外包产业加快发展，为超过 200 万名高校毕业生提供了就业机会。

二是促进制造业和服务业快速发展。我国抓住和用好国际产业转移的重要契机，充分发挥自身比较优势，在国际化经营中提升产业竞争力，2013 年装备制造业产值规模突破 20 万亿元，是 2008 年的 2.2 倍，年均增长 17.5%，占全球装备制造业的比重超过 1/3，稳居世界首位。全球主要 IT 制造业企业纷纷在华设厂，有的还将研发中心设在我国，有力促进了我国电子及通信设备制造业的技术进步。国际旅游入境人数和收入稳步增长，为推动我国旅游业发展作出贡献。据联合国世界旅游组织（UNWTO）统计，2012 年，在入境旅游外汇收入的世界排名中，中国以 500 亿美元位列第四。

三是促进国内技术、商业模式和经营理念创新。通过利用外资，引进国外先进技术、管理经验、经营理念和高素质人才，把利用外资同提升国内产业结构和技术进步结合起来，对提高国内产业竞争力、扩大就业和进出口发挥了重要作用。比如，跨国零售巨头的进入带动了国内商业现代化，流通效率和服务水平明显提高。

四是促进对外经贸关系不断推进，利益交融格局更加深化。我国已成为全球经济和贸易发展的重要成员方。截至 2013 年，我国已经谈成自由贸易区 12 个，在谈自由贸易区 6 个。其中，已经签署的 12 个自由贸易区协定共涉及 20 个国家和地区，分别包括与东盟、新加坡、巴基斯坦、新西兰、智利、秘鲁、哥斯达黎加、冰岛、瑞士的自由贸易协定，内地与香港、澳门的更紧密的经贸关系安排，以及大陆与台湾的海峡两岸经济合作框架协议。我国已经成为众多国家和地区重要的贸易伙伴和外来投资国，还向发展中国家特别是最不发达国家提供了大量力所能及的援助。

五是不断增强我国在国际经济事务领域的话语权。我国在国际货币基金组织（IMF）、世界银行（World Bank）的地位和话语权不断提升，成为二十国集团的重要参与者之一，推进金砖国家机制化进程并加快合作步伐，跻身多边贸易体制的核心圈，在全球经济治理中的角色经历了从被动到主动，从外围到核心的重大变化，在全球气候变化、粮食安全、能源安全等重大问题上的发言权明显增强，对构建国际政治经济新秩序发挥着日益重要的作用。

✧ 三、对外经济发展方式依然粗放

我国已经形成了相对完备的产业体系，具备进一步扩大开放、提升开放水平的基础和条件，但开放型经济发展仍面临不少矛盾和问题，亟须转变粗放型的对外经济发展方式。

一是外贸传统竞争优势正在减弱。长期以来，我国依赖资源、能源、劳动力等有形要素的投入，有力地促进了对外贸易发展。但随着工业化和城镇化的快速发展，支撑我国经济发展的矿产资源、土地、劳动力等传统要素供求关系已经发生了变化，资源环境瓶颈约束日益突出，一些地方生态环境承载能力已近极限，水、大气、土壤等污染严重。同时，要素价格持续上升，制造业劳动工资水平已超过大部分东南亚国家，水、电、工业用地价格也呈上涨态势。原有要素成本优势弱化与出口产品总体科技含量依然不高的现实并存，使我国出口市场面临科技领先发达经济体和生产要素价格相对较低发展中国家的"双重挤压"。

二是利用外资和对外投资管理水平有待进一步提高。在市场准入方面，相比制造业而言，我国服务业开放程度低，竞争力弱，需要通过吸收国际投资中搭载的技术创新能力和先进管理经验做大做强，这对我国产业结构调整和经济转型升级至关重要。在外资管理方面，我国采取逐案审批和产业指导目录的外资管理方式，在一些领域对内外资企业实行不同的法律法规。这种管理方式下产业政策导向性强，但审批环节多，政策稳定性不足，行政成本和营商成本都较高。在"走出去"方面，总体上仍处于初级阶段，对外投资存量仅相当于美国的1/10，英国、德国和法国的1/3，日本的1/2。

特别是对外投资管理体制不能完全适应对外投资加快发展的新要求，在投资审批、外汇管理、金融服务、货物进出口、人员出入境等方面还存在诸多障碍。

三是内陆沿边开放相对滞后。目前我国内陆地区对外开放口岸数量不到全国总数的 10%，沿边地区进出口额占全国的比例只有 1% 左右，与周边国家合作机制不健全，投资、贸易和人员往来便利化水平亟待提高，迫切需要抓住全球产业重新布局机遇，形成有利于推动内陆产业集群发展的体制机制。

第二节　完善互利共赢、多元平衡、安全高效的开放型经济体系

◇　一、互利共赢，在对外开放中坚持共同发展

实现中国与世界的互利共赢，需要我们深刻把握当今世界经济格局的深刻变化，统筹国际国内两个大局，为我国发展争取良好的国际环境。要坚持以更加广阔的视野，冷静观察、沉着应对，进一步提高全球能源资源配置能力，以更积极的姿态在更高层次上主动参与合作竞争，更好地树立负责任大国形象，着力深化互利共赢格局。在具体工作中，既要积极推动同主要大国经贸关系的健康稳定发展，又要统筹经济、贸易、科技、金融等方面的资源，利用好比较优势，找准深化同周边国家互利合作的契合点，积极参与区域经济合作。

✧　二、多元平衡，培育带动区域发展的开放高地

坚持稳定出口和扩大进口并重，强化贸易政策和产业政策协调，推动对外贸易平衡发展，加快转变对外经济发展方式，推动开放朝着优化结构、拓展深度、提高效益的方向转变。

一方面，着力提升沿海地区开放水平。发挥长江三角洲、珠江三角洲、环渤海地区对外开放门户的重要作用。重点引进前沿高端产业，提高资金技术密集度。推进科技研发基地建设，加快从全球加工装配基地向研发、先进制造基地转变。推进服务业开放在沿海地区先行先试。

另一方面，进一步优化对外贸易，坚持稳定出口和扩大进口并重。一是培育出口竞争新优势，实施技术、品牌、营销、服务"四带动"出口战略，促进由"中国制造"向"中国创造"跨越。二是增加先进技术、重要设备和关键零部件、资源能源、节能环保和循环经济产品及服务进口，发挥进口对宏观经济平衡和结构调整的重要作用。三是大力发展服务贸易，建立健全服务贸易促进体系，深度挖掘传统服务贸易潜力，努力扩大文化、技术、软件和信息服务、金融保险等新兴服务出口。

✧　三、安全高效，积极拓展对外发展新空间

完善开放条件下的对外经贸促进体系，逐步形成"引进来"与"走出去"协调发展的良性互动格局，提高对外投资效益，重视和维护国家经济安全。

一是提高境外投资效益。鼓励我国优势企业在全球范围内开展

资源和价值链整合，在周边国家及新兴市场国家建设境外生产基地，拓展国际发展新空间。鼓励国内企业在研发、生产、销售等方面开展国际化经营，提高企业跨国经营管理水平，培育一批世界水平的跨国公司。完善境外权益保障机制，切实保障"走出去"企业的合法权益和境外人员的人身财产安全。

二是提高利用外资综合优势和总体效益。放宽投资准入，推进服务业有序开放，进一步放开一般制造业，鼓励外资更多投向现代农业、高端制造业、高新技术产业、现代服务业、新能源和节能环保产业，严格限制高能耗、高污染、资源性（"两高一资"）和低水平、过剩产能扩张类项目。鼓励外资参与我国创新驱动发展战略，促进引资、引技、引智有机结合。

三是优化外商投资区域结构。深化东部沿海地区开放，鼓励加快体制机制创新和产业转型升级。发挥经济特区的带动作用，落实好粤港、粤澳合作框架协议，联手港澳打造更具综合竞争力的世界级城市群。贯彻实施新修订的《中西部地区外商投资优势产业目录》，鼓励东中西部开发区的对口合作。

总之，要统筹考虑国际国内两个大局、两个市场、两种资源，坚持互利共赢的开放战略，着力提升参与全球治理的能力，积极拓展对外发展新空间，着力增强全球投资谋划能力，努力在风云变幻的国际环境中谋求更大的国家利益。

第三节　构建开放型经济新体制

适应经济全球化新形势，必须推动对内对外开放相互促进、

"引进来"和"走出去"更好结合，促进国际国内要素有序自由流动、资源高效配置、市场深度融合，加快培育参与和引领国际经济合作竞争新优势，以开放促改革。

✧　一、放宽外商投资市场准入

重点推进金融、教育、文化、医疗等服务业领域有序开放，放开育幼养老、建筑设计、会计审计、商贸物流、电子商务等服务业领域外资准入限制，进一步放开一般制造业。与此同时，改革涉外投资审批体制，探索对外商投资实行准入前国民待遇加负面清单的管理模式。这是世界许多国家采取的外资管理方式，将禁止或限制外资进入的领域列入清单，未列入的领域外资均可进入，内外资企业享受同等待遇。这种管理方式赋予各类投资主体公平参与市场竞

▲ 上海自贸区助推浦东二次创业，图为货运车辆进出上海自贸区内的洋山港港区

（新华社发　裴鑫／摄）

争的机会，有利于规范和约束政府行为，为企业创造一个稳定、透明、可预期的营商环境。中国（上海）自由贸易试验区挂牌运营以来，积极探索对外商投资实行准入前国民待遇加负面清单管理模式。下一步，要深化上海自贸区负面清单管理模式，加快推进贸易监管、金融监管等制度创新，创造出可复制、可推广的模式和经验，为全面深化改革和扩大开放探索新途径、积累新经验。

延伸阅读

建设和管理好中国（上海）自由贸易试验区

建立中国（上海）自由贸易试验区，是党中央、国务院作出的重大决策，是深入贯彻党的十八大精神，在新形势下推进改革开放的重大举措，对加快政府职能转变、积极探索管理模式创新、促进贸易和投资便利化，为全面深化改革和扩大开放探索新途径、积累新经验，具有重要意义。2013 年 9 月，中国（上海）自由贸易试验区正式挂牌，成立一年多来，在扩大服务业开放、投资管理方式改革、促进贸易便利化三个大的领域出台了一系列措施，取得了一系列突破。

扩大服务业开放领域，主要是在金融、商贸、航运三大重点行业扩大开放。金融行业，自贸区金融开放创新的制度框架体系基本形成，若干个面向国际的金融市场平台建设正在稳步推进。商贸行业，对外资进入增值电信业务领域进一步松绑，允许外资企业从事游戏游艺设备的生产和销售，允许设立外商独资演出经纪机构和外商独资的娱乐场所。航运行业，从扩大开放水平、创新航运政策、拓展中心功能、提升服务水平、加强基础建设五个方面加快推进国际航运中心建设，对具有国际竞争力的航运发展制度和模式进行了探索创新。

投资管理制度改革，主要在两方面取得了积极进展。一是注册资本登记制度改革在全国推开。2014 年 2 月，国务院印发《注册资本登记制度改革方案》，上海自贸区率先探索的注册资本实缴制改认缴制、企业年检改年报公示等经验复制到全国。二是投资双向开放政策进一步完善。对于"引进来"，探索建立负面清单管理模式，负面清单之外的领域，按照内外资一致的原则，把外商投资项目由核准制改为备案制（国务院规定对国内投资项目保留核准的除外）。对于"走出去"，改革境外投资管理方式，对境外投资一般项目实行备案制。上海自贸区挂牌以来，已经办理了 21 个境外投资项目，总投资额达到 8 亿美元。

促进贸易便利化，取得了三方面积极进展。一是加快培育跨境电子商务服务功能。国内首个跨境贸易电子商务服务平台"跨境通"已正式运营。二是建立保税展示交易制度。推出首个"前店后库"保税展示交易平台。三是培育贸易新型业态，国际中转集拼业务在国内率先启动，期货保税交割试点范围和标的进一步扩大，大力发展全球维修检测、高新技术服务外包、再制造等服务贸易产业。截至 2014 年 3 月底，上海自贸区内海关新增注册企业 2438 家，总数达 7392 家，呈快速增长、多元发展态势。

与此同时，法制建设进一步加强。2013 年 8 月，十二届全国人大常委会第四次会议决定授权国务院在中国（上海）自由贸易试验区内，对国家规定实施准入特别管理措施之外的外商投资，暂时调整外资企业法、中外合资经营企业法和中外合作经营企业法规定的有关行政审批。下一步，上海市还将专门立法为自贸区建设发展提供法制保障，目前正在研究制定《中国（上海）自由贸易试验区条例》。

习近平 2014 年 5 月在上海考察时指出，上海自贸区要把制度创新作为核心任务，形成可复制、可推广的制度成果为着力点，努力创造更加国际化、市场化、法治化的公平、统一、高效的营商环境；把防控风险作为重要底线，在建设全过程都掌控好风险，努力排除一切可能和潜在的风险因素；把企业作为重要主体，重视各类企业对制度建设的需求，鼓励企业积极参与试验区建设。

今后一个时期，要按照习近平的重要指示，切实建设好、管理好中国（上海）自由贸易试验区，通过试验创造出可复制、可推广的模式和经验，为全面深化改革和扩大开放探索新途径、积累新经验，在推进现有试点基础上，选择若干具备条件的地方发展自由贸易园（港）区。

✧ 二、扩大企业及个人对外投资

从贸易大国到投资大国、从商品输出到资本输出，是开放型经济转型升级的必由之路。加快实施"走出去"战略，关键是深化对外投资管理体制改革，放宽对外投资的各种限制，确立企业及个人对外投资的主体地位，做到"三个允许"，就是允许发挥自身优势到境外开展投资合作，允许自担风险到各国各地区自由承揽工程和劳务合作项目，允许创新方式走出去开展绿地投资、并购投资、证券投资、联合投资等。鼓励企业走出去，一方面，要支持企业联合走出去，推动产业境外投资；另一方面，鼓励优势企业在全球范围内开展资源和价值链整合，在周边国家及新兴市场国家建设境外生产基地，拓展国际发展新空间。

✧　三、加快自由贸易区建设

与多边贸易体系的开放相比，自由贸易区有对象可选、进程可控的特点，可以起到以局部带动整体的开放效果。要在积极参与多边贸易体系的同时，着力打造以周边为基础，面向全球的高标准自由贸易区网络。一方面，进一步提升中国—东盟自由贸易区水平，积极推进中韩、中日韩、中澳等自由贸易协定谈判，适时启动与其他经贸伙伴的自由贸易协定谈判。另一方面，拓展两岸四地经贸合作深度，争取到"十二五"末，内地对港澳基本实现服务贸易自由化。鼓励内地企业在香港设立资本运营中心，使香港成为"走出去"的信息平台和融资平台。推动两岸经济关系正常化、制度化和自由化。

✧　四、扩大内陆沿边开放

我国周边国家人口众多，能源资源富集，近年来经济普遍发展较快，与我国开展经贸合作的愿望强烈。2013 年以来，习近平出访中亚和东南亚国家期间，提出建设"丝绸之路经济带"和"21世纪海上丝绸之路"的战略构想，为我国加快沿边开放带来了重大机遇。扩大内陆沿边开放，重点是抓住全球产业重新布局的机遇，统筹经济、贸易、科技、金融等方面资源，利用好比较优势，找准深化同周边国家互利合作的战略契合点，积极参与区域经济合作，推动内陆贸易、投资、技术创新协调发展。一方面，发展内陆开放型经济。统筹推进内陆地区国际大通道和物流基础设施建设，加快形成横贯东中西、联结南北方的对外经济走廊，提升内陆地区对外开放的平台支撑能力，吸引装备制造、汽车、纺织、电子信息、生物等产业转移。另一方面，加快沿边地区开放步伐。积极推进丝绸之路经济带、21 世纪海上丝绸之路建设，加快同周边国家和区域基础设施互联互通建设，拓展沿边省区与周边国家经贸合作领域和空间，建设若干面向毗邻地区的区域性国际贸易中心，构建区域经济一体化新格局。允许沿边重点口岸、边境城市、经济合作区在人员往来、加工物流、旅游等方面实行特殊方式和政策。不断深化区域金融合作，积极筹建亚洲基础设施投资银行，完善区域金融安全网络。

📖 **延伸阅读**

"一带一路"

丝绸之路经济带和 21 世纪海上丝绸之路（以下简称"一带一路"）是习近平于 2013 年 9 月、10 月，分别在哈萨克斯坦纳扎尔巴耶夫大学和印度尼西亚国会发表演讲时提出的重大倡议。

"一带一路"借用古代丝绸之路的历史符号，高举和平发展的旗帜，旨在积极主动地发展与沿线国家的经济合作伙伴关系，共同打造政治互信、经济融合、文化包容的利益共同体和命运共同体。

"一带"着眼于加快向西开放，"一路"着眼于建设海洋强国，是实施全方位对外开放新战略的先手棋和突破口，符合区域合作的时代潮流，对于打造全方位对外开放升级版具有决定性意义。

"一带一路"是合作、发展的理念和倡议，不是一个实体和机制，它的主要内容是合作，即政策沟通、道路联通、贸易畅通、货币流通、民心相通。"一带一路"不是从零开始，而是现有合作的延续和升级，它将充分依靠中国与有关国家既有的双多边机制，借助既有的、行之有效的区域合作平台。同时，"一带一路"继承了古丝绸之路开放的优良传统，更加开放包容，不搞封闭、固定、排外的机制。"一带一路"的地域和国别范围也是开放的，源于但不限于古丝绸之路，古代陆、海丝绸之路上的国家、中国的友好邻国都可以参与进来。其中，中亚、俄罗斯、南亚和东南亚国家是优先方向。

■ 本章小结 ■ ⋯⋯⋯⋯⋯

本章总结了我国发展开放型经济取得的主要成绩以及新形势下面临的制约和挑战，深入分析了完善互利共赢、多元平衡、安全高效的开放型经济体系的必要性以及实践中应把握的重点，在此基础上提出了转变对外经济发展方式的主要任务和措施。

名 词 解 释

多边贸易体制：由世界贸易组织（WTO）主导的国际贸易治理体制。世界贸易组织是多边经济体系中三大国际机构之一，也是世界上唯一处理国与国之间贸易规则的国际组织。在世界贸易组织事务中，"多边"（multilateral）是相对于区域或其他数量较少的国家集团而言的，目前，世界上几乎所有主要贸易国都是该体制的成员，但仍有一些国家不是，因此使用"多边"一词，而不用"全球"或"世界"等词。多边贸易体制的最大目的是使贸易尽可能自由流动。

自由贸易区：通常指两个以上的国家或地区，通过签订自由贸易协定，相互取消绝大部分货物的关税和非关税壁垒，取消绝大多数服务部门的市场准入限制，开放投资，从而促进商品、服务和资本、技术、人员等生产要素的自由流动，实现优势互补，促进共同发展。自由贸易区也可用来形容在一国国内建立的一个或多个消除了关税和贸易配额、并对经济行政干预较小的区域。

准入前国民待遇：外国投资者在准入前阶段所享有的待遇不低于本国投资者。由于准入前国民待遇比准入后国民待遇更加开放，近年来越来越多的国家将外商投资国民待遇从准入后扩展到准入前，并多采用正面或负面清单方式，列明适用国民待遇的领域。美国、加拿大、澳大利亚等国已采取准入前国民待遇加负面清单管理模式，欧盟之前一直采用正面清单方式，在近两年国际投资协定谈判中也开始转向负面清单方式。

　　负面清单： 在国际投资协定中，东道国在给予外资国民待遇的同时，可以在附件中采取列举的方式，列明保留的与国民待遇不符的措施或者行业领域。推行负面清单管理可以限定外资准入管理范围，科学合理地确定政府对外资的准入控制架构，做到清单之外的事项均由社会主体依法自行决定。

思 考 题

1. 怎样理解必须完善互利共赢、多元平衡、安全高效的开放型经济体系？
2. 如何统筹双边、多边、区域、次区域开放合作？

后　记

　　党的十八大报告提出，以科学发展为主题，以加快转变经济发展方式为主线，是关系我国发展全局的战略抉择。要适应国内外经济形势新变化，加快形成新的经济发展方式，把推动发展的立足点转到提高质量和效益上来。为帮助广大干部深入学习、全面领会中央关于加快转变经济发展方式的大政方针和决策部署，明确加快转变经济发展方式的目标任务、主要路径和工作重点，切实提高推动形成新的经济发展方式、促进经济持续健康发展的能力和水平，中央组织部组织编写了本书。

　　本书由国家发展改革委牵头，经济日报社、工业和信息化部、国务院发展研究中心、清华大学共同编写，全国干部培训教材编审指导委员会审定。徐绍史任本书主编，朱之鑫、徐如俊、杨学山、张军扩、胡鞍钢任副主编。参与本书调研、写作和修改工作的主要人员有：施子海、杨洁、杨特、齐东向、顾强、李力、任海峰、姚珺、刘平青、王雪、侯永志、孙志燕、鄢一龙、马伟、杨国良。参加本书审读的人员有：张占斌、李向阳、杨秋宝。在编写出版过程中，中央组织部干部教育局负责组织协调工作，人民出版社、党建读物出版社等单位给予了大力支持。在此，谨对所有给予本书帮助支持的单位和同志表示衷心感谢。

　　由于水平有限，书中难免有疏漏和错误之处，敬请广大读者对本书提出宝贵意见。

编　者

2015 年 1 月

全国干部培训教材编审指导委员会

《加快转变经济发展方式》

主　编：徐绍史

副主编：朱之鑫　徐如俊　杨学山　张军扩　胡鞍钢

责任编辑：郑海燕　陈　登

封面设计：石笑梦

版式设计：周方亚

责任校对：孟　蕾　周　昕

图书在版编目（CIP）数据

加快转变经济发展方式／全国干部培训教材编审指导委员会组织编写．
　-- 北京：人民出版社：党建读物出版社，2015.2（2015.5 重印）

全国干部学习培训教材

ISBN 978 - 7 - 01 - 014023 - 0

I.①加…　II.①全…　III.①中国经济 - 经济发展 - 发展方式 - 干部教育 -
　学习参考资料　IV.① F124

中国版本图书馆 CIP 数据核字（2014）第 227412 号

加快转变经济发展方式

JIAKUAI ZHUANBIAN JINGJI FAZHAN FANGSHI

全国干部培训教材编审指导委员会组织编写

主　编：徐绍史

人 民 出 版 社

党建读物出版社　出版发行

北京盛通印刷股份有限公司印刷　新华书店经销

2015 年 2 月第 1 版　2015 年 5 月第 7 次印刷

开本：710 毫米 × 1000 毫米　1/16　印张：14.25

字数：180 千字　印数：1,000,001 - 1,050,000 册

ISBN 978 - 7 - 01 - 014023 - 0　定价：35.00 元

邮购地址 100706　北京市东城区隆福寺街 99 号

人民东方图书销售中心　电话（010）65250042　65289539

本书如有印装错误，可随时更换　电话：（010）58587660